O que transforma a gente?

O que transforma a gente?

Breves reflexões para mudanças profundas

Beth Goulart

Planeta

Copyright © Beth Goulart, 2024
Copyright © Editora Planeta do Brasil, 2024
Todos os direitos reservados.

Preparação: Fernanda Guerriero Antunes
Revisão: Fernanda França e Ana Laura Valerio
Projeto gráfico e diagramação: Claudia Lino Design Studio
Capa: Isabella Teixeira
Imagens de capa e miolo: Fer Rodrigues

CIP-BRASIL. CATALOGAÇÃO NA PUBLICAÇÃO
ANGÉLICA ILACQUA CRB-8/7057

Goulart, Beth
O que transforma a gente? / Beth Goulart. – São Paulo : Planeta do Brasil, 2024.
160 p.

ISBN: 978-85-422-2908-0

1. Desenvolvimento pessoal 2. Crônicas brasileiras I. Título

24-4771   CDD 158.1

Índice para catálogo sistemático:
1. Desenvolvimento pessoal

Ao escolher este livro, você está apoiando o manejo responsável das florestas do mundo e outras fontes controladas

2024
Todos os direitos desta edição reservados à
Editora Planeta do Brasil Ltda.
Rua Bela Cintra 986, 4º andar – Consolação
São Paulo – SP – 01415-002
www.planetadelivros.com.br
faleconosco@editoraplaneta.com.br

Sumário

Os sete minutos mágicos 7

Cinquenta anos de palco 15

Ampulheta 21

Esperança ativa 25

A viagem da alma 29

O grande barco da humanidade 35

O retorno a nossas origens 41

Todo rio corre em direção ao mar 47

Se todo mundo sabe como ser feliz, por que não somos todos felizes? 51

Despedida 55

Conhecer a própria voz 61

A vida é uma grande história a ser escrita por cada uma de nós 71

A luz que é dar à luz 77

O ganho de cada perda 85

Espelho de almas 87

Construindo um novo futuro 93

Rumi... 99

Alimentando a criança interior 107

Aprendizado 109

Casulo e borboleta 111

Transformação é o que dá sentido ao movimento........... 113

Os muitos eus de Fernando Pessoa................................. 117

As transformações que Clarice Lispector me
ensinou a sentir... 125

O sertão é em toda a parte 131

A felicidade é o doce da vida 135

Café 139

Eu sou o que eu sou 143

O ovo 145

Viver é transformar-se 149

Agradecer é preciso.. 157

Os sete minutos mágicos

Saber começar é uma grande arte. Os começos são muito importantes, são momentos especiais. É quando somos envolvidos por uma ideia, uma sensação, uma proposta, uma música, um convite, uma obra, um conceito, uma experiência... enfim, seja o que for, é sempre uma troca.

Shakespeare dizia que todo começo é fundamental para um espetáculo. São *os sete minutos iniciais que podem fazer o público embarcar na proposta do espetáculo ou perdê-lo para sempre*. São os "sete minutos mágicos" que nos cativam, nos envolvem, nos seduzem ou nos perdem.

O tempo é cada vez mais precioso e não podemos desperdiçá-lo com aquilo que não capturou nossa atenção ou não nos convenceu a dedicar nosso tempo para o que temos a dizer. E o que faz esse momento ser uma chave? Acho que é encontrar o elo entre nós e quem nos vê, nos escuta, observa, sente ou lê. Qual é o traço comum entre nós e todas as pessoas? São *as emoções, sensações e* impressões. São os nossos sentimentos que nos tornam humanos; nos identificamos.

Todas as pessoas, em todo o mundo, em todas as culturas, países, línguas e religiões sentem as mesmas coisas, as mesmas emoções e sensações humanas. Sabemos o que é dor, alegria, sofrimento, fome, medo, dúvida, amor, entrega ao êxtase da carne ou desespero de uma desilusão. Somos humanos, nos reconhecemos assim através de nossos sentimentos, então é por intermédio deles que nos comunicamos mais diretamente, e não apenas com o uso das palavras. Todo o nosso ser tem papel nessa tarefa.

Um olhar, o silêncio, a energia de nossa presença, um sorriso ou uma expressão séria, tudo é objeto de comunicação. Quando estamos num palco ou numa reunião de negócios, numa sala de aula ou vendendo um produto, usamos o nosso corpo para transmitir uma ideia, e isso é percebido por aqueles que nos observam. Somos, portanto, seres comunicativos. E nossa comunicação pode ser sempre elaborada, compreendida e aprimorada.

Meu pai iria ministrar uma palestra abordando esse tema, intitulada "A arte de se comunicar", na qual transmitiria seus conhecimentos, experiências e técnicas a quem estivesse interessado em aprimorar essa linguagem tão antiga quanto necessária, a comunicação. Ele me convidou para dirigi-lo, o que muito me honrou e estimulou a estudar ainda mais sobre o assunto. À época, pensei que poderíamos ampliar o escopo da palestra para abordar um conceito mais abrangente: "A arte de se comunicar para atingir a arte de viver". Afinal, *a comunicação nos conecta verdadeiramente uns aos* outros, *fazendo-nos aprimorar a cadeia de afetos, estabelecer parcerias e crescer.*

Crescemos juntos cada vez mais à medida em que aprendemos uns com os outros. A força do coletivo é impulsionada pela comunicação, pela linguagem que unifica a nossa compreensão e fortalece os vínculos de uma construção mútua de propósitos comuns.

Nossa primeira comunicação foi com a nossa mãe; aquele primeiro olhar de amor, portanto, é nossa primeira referência de afeto. Ainda não sabíamos que nosso corpo não era mais o dela, não era mais o mesmo. Quando nos envolveu em seus braços, nos descobrimos separados e sentimos o seu abraço. A dor do ar entrando em nossos pulmões provocou nosso primeiro choro; o alívio da fome foi saciado pelo leite que aprendemos a sugar avidamente de seus seios. Esse é o registro mais antigo de nosso cérebro, o cheiro de nossa mãe. Naquele momento, *os sentidos foram nossa primeira forma de comunicação*. Aos poucos, nossa mãe foi sendo capaz de decifrar nossa linguagem através das expressões que fazíamos, reconhecendo pelo som de nosso choro qual era a nossa necessidade: "Ah, ela está com fome. Não! Ela está com cólica. Acho que precisa trocar a fralda".

Conforme fomos crescendo, pouco a pouco, aprendemos mais elementos que melhorassem nossa comunicação – e assim sucessivamente, por toda a vida. Estamos sempre aprendendo, em cada fase de nossa jornada. Algumas pessoas, porém, permanecem sem conseguir expressar de maneira verdadeira e profunda seus sentimentos, o que resulta em relações conflituosas em que há agressões verbais e físicas, violência doméstica e familiar, preconceito e racismo em ambientes públicos, abusos de poder de todas as formas e em todos os níveis. E muito por incompreensão do que é diferente.

O grande problema de nossas relações e da sociedade em geral é a incomunicabilidade: a incapacidade de compreender o outro. A diversidade é uma dádiva da vida, é a oportunidade que temos de aprender com o que é diferente. No entanto, o ser humano não se preparou para aceitar o que não conhece. O desconhecido assusta. A sociedade não consegue se comunicar de maneira ampla, livre, leve, amorosa.

Nelson Mandela dizia: "As pessoas não nasceram odiando, elas aprenderam a odiar, então também podem aprender a amar".[1] É isso mesmo, essa é a chave: tudo pode ser aprendido. Aprendemos todos os dias com nossos erros; se insistirmos em cometê-los, porém, aí não é ignorância, mas burrice. A transformação da humanidade só será possível pela educação. Não apenas na escola, mas também dentro de casa, na comunidade, no trabalho, na diversão, na arte, na cultura, na internet, nas relações de maneira geral. Como podemos nos comunicar melhor de modo que sejamos entendidos e aceitos?

Primeiro, é necessário aceitar e compreender a nós mesmos e ao contraditório, aquele que pensa diferente. Essa é uma tarefa que exige respeito e reconhecimento de liberdade – e a nossa liberdade termina quando começa a do outro. Precisamos ter limites dentro de um

---

[1] MANDELA, N. Longo caminho para a liberdade uma autobiografia. [s.l.] São Paulo: Siciliano, 1995.

espaço comum para que a voz de um tenha o mesmo peso que a voz do outro. Todos têm o direito de se manifestar e de ser ouvidos. É o princípio da democracia. Sem respeito não há democracia; sem limites não há respeito; sem respeito não há lei; sem lei não há sociedade livre, só o CAOS – que é a ausência de leis. As leis são delimitações aceitas como normas a serem seguidas por todos. Trata-se "das regras do jogo" – e sem regras não há jogo.

Assim, nossa sociedade ainda precisa melhorar muito sua comunicação direta com o cidadão para que ele seja ouvido e protegido, muitas vezes, de si mesmo e da própria ignorância.

A arte da comunicação está presente em todas as circunstâncias da vida. No trabalho, por exemplo, temos que saber comunicar nossa opinião sem ferir o orgulho e a vaidade dos colegas, mas é preciso saber se posicionar corretamente. E caso estejamos conduzindo uma equipe, isso requer um nível refinado de habilidades comunicativas. Um líder deve comunicar sua visão com clareza e, ao mesmo tempo, ouvir e valorizar o potencial do grupo. É uma tarefa delicada guiar cada membro na direção de uma meta coletiva: a meta escolhida. No papel de dirigente do barco, é ele quem vai orientar para que lado se deve remar, qual a força e a direção de acordo com o vento. É ele quem precisa estar sempre atento às mudanças que podem surgir no meio do percurso. Se uma tempestade se formar, por exemplo, cabe a ele decidir qual é a prioridade e ajustar o curso conforme necessário.

O teatro é um microcosmo da vida e da sociedade. Nele, contamos histórias que podem levar ao público conhecimentos novos, reflexões profundas, opiniões diferentes. É um exercício de liberdade criativa de ambos os lados, palco e plateia. Ao apresentar um espetáculo, passamos pelos mesmos processos de uma empresa em criação: lançamento e sustentação de um produto a que nos dedicamos. A diferença é que nosso produto é mais sutil, impalpável. O produto final de um espetáculo não é apenas o espetáculo em si, mas a impressão que ele deixa em quem o prestigiou. É nesse momento que nossa arte está mais viva na mente e no coração daquele que, depois de uma apresentação, chega em casa trazendo na bagagem reflexões, experiências, emoção e transformação. E essa é a beleza de nossa arte.

Se conseguirmos tocar o coração da plateia, seremos tocados também por ela. É aí que nossa arte ganha o maior de todos os significados. Saímos diferentes de quando entramos. Fomos tocados pela arte, fomos instrumentos de uma comunicação muito profunda, de alma para alma – a comunicação mais importante de todas.

Fomos transformados pela entrega, pela generosidade, pela cumplicidade que se estabeleceu ali, pelo sentimento mais essencial e transformador da vida: o amor. *Que ele seja sempre a fonte e o objetivo final de nossa entrega, porque ele é a base de qualquer criação. É de onde saímos e para onde retornaremos quando nossa trajetória for finalizada. Ele é a totalidade e a singularidade em cada um, é o Absoluto em nós.*

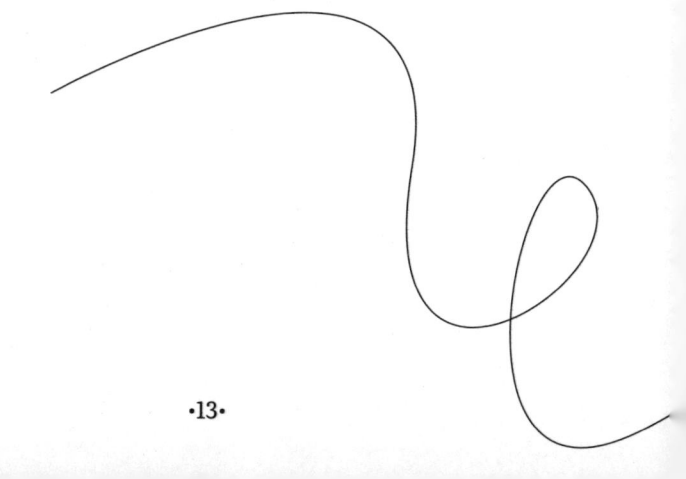

O teatro
faz a sociedade
se olhar no
espelho.

Cinquenta anos de palco

Estamos sempre começando, mesmo com toda a experiência que o tempo nos traz. Cada vez que pisamos no palco, é como se fosse a primeira. O teatro é um lugar mágico; nele tudo se torna possível. Amir Haddad nos lembra de que "teatro é ilusão de ótica", pois nele podemos assumir qualquer idade e nos transformar em qualquer personagem.

Mesmo que não tenhamos semelhança com os personagens que retratamos, ocorre uma magia no palco que nos faz parecer com eles. Isso se deve à energia do personagem – que todas as pessoas têm –, e é por meio dela que conseguimos reconstruir a presença daquele indivíduo em cena.

No palco, eu já fui Lucrécia Bórgia, Linda Batista, Clarice Lispector, *personagens reais que ganharam novos corpos e sentimentos; ganharam minhas impressões e opiniões sobre elas, tornando-se híbridas a mim mesma, como numa fusão de almas.*

Cada personagem guarda um pouco de nós mesmos; é preciso, portanto, buscar em nosso interior a fonte do sentimento que o personagem explicita em cena. Experimentemos ou não aquela dor, conheçamos ou não aquela angústia, vivamos ou não aquele amor ou aquela história, guardamos em nós o registro daqueles sentimentos.

Constantin Stanislavski era um ator, diretor, pedagogo e escritor russo que viveu de 1863 a 1938. Ele desenvolveu um método que todos nós, atores, utilizamos muito e que se tornou a base da corrente interpretativa do século XX em diante. No cerne de seu método está o conceito de "memória emotiva". O que isso quer dizer? Significa que vamos usar memórias nossas para preencher a verdade do personagem. Por exemplo, nenhum de nós levou um tiro de verdade, mas ele utilizava a memória de um soco no estômago que levou para nos lembrar do choque que é ser alvejado.

Assim, gradualmente, vamos levando para nossos personagens um pouco de nós mesmos e de nossa memória.
A observação é muito importante para um ator; por meio dela, percebemos detalhes de comportamento, postura, maneira de andar, expressões, silêncios, eloquência. É na observação da vida que encontramos todo o material necessário para criar um personagem.

Uma das coisas mais bonitas de nossa arte é o processo de criação de um espetáculo. É o momento em que a história sai do papel e ganha corpo, espaço, representatividade. O teatro é uma arte coletiva, resultado do olhar de vários profissionais que contribuem para um espetáculo acontecer, mas a relação mais importante é a dos atores com o diretor. É preciso muita confiança, entrega, criatividade, suor, pesquisa, dedicação, estudo, tentativa e erro para se chegar a um lugar em que o público possa interagir.

Todo espetáculo é um convite para que o público possa seguir junto com ele, contribuindo, reagindo, interagindo, refletindo, rindo, emocionando-se e, por fim, agradecendo. É uma relação de muito respeito e reverência. O palco é nosso templo. Ali, vivemos momentos de muita intensidade e entrega; nós nos desnudamos de nós mesmos e nos revelamos, sem filtro, sem proteção, sem máscaras para chegar à alma do público. É uma troca: quanto mais nos damos, mais recebemos. O público reconhece o ator que está inteiro em seu ofício, aquele que encara a sua doação como um sacerdócio. E, então, reverencia mais, aplaude e grita, manifestando-se em gratidão pela dedicação e pelo talento daquele artista que tem a honra de ser chamado assim.

A respeito disso, nos diz Camila Amado:

> *O Teatro é a arte da presença, mas é a presença da ausência, porque para o ator estar presente em cena ele precisa estar ausente de si mesmo, em total entrega, em estado de meditação, vazio*

de si mesmo para que o personagem possa viver através dele.[1]

Essa é a síntese de nosso trabalho. Construímos um personagem no processo de ensaios, seguimos a orientação do diretor, entendemos o conceito do espetáculo e servimos a nossa arte, anulando-nos como personalidade *para brilhar como instrumento.*

Durante a criação de um personagem, precisamos mergulhar em nós mesmos – em nossa memória, nossas opiniões, nossa visão de mundo, nossos valores. Interpretar é dar nosso depoimento e oferecer nosso entendimento daquele texto e daquele personagem. Revelamos, entao, *estar presentes nas escolhas que fazemos, da maneira como fazemos, na intensidade e no colorido que damos em cada olhar, no humor ou ironia com que dizemos as falas, na contenção ou explosão dos sentimentos, na precisão dos gestos ou na imobilidade de movimento.* Tudo é uma questão de escolha.

O processo de criação de um espetáculo é sempre um desconhecido, do qual fazem parte a angústia, o medo e a dor. Por mais que tenhamos um texto com o qual iniciar, será uma viagem que nos surpreenderá em cada curva do caminho. E o diretor traça um roteiro para essa viagem, mas ele não sabe se será modificado durante o percurso. É bem provável que sim, porque o diretor faz suas escolhas e planos antes de os atores e

---

[1] ANTI FILMES. Vídeo em Homenagem à Camilla Amado. Disponível em: <https://www.youtube.com/watch?v=uaHlvqHSkj0>. Acesso em: 29 ago. 2024.

os outros criadores se manifestarem – e, quando estes o fazem, aí tudo se modifica.

E é bom que seja assim, pois um espetáculo é o resultado do encontro dessas pessoas e tem que ter as características delas. É uma arte viva, que se transforma dia a dia. Em cada ensaio, descobrimos coisas novas; cada apresentação é uma novidade. Isso porque estamos diferentes, o público se renova a cada noite, então a troca que se dá entre palco e plateia será constantemente nova e única.

As pessoas não sabem o quanto aprendemos em cada trabalho. É uma revolução, é um processo de autoconhecimento: nascemos e morremos muitas vezes para chegar ao resultado em carne e espírito, que é nossa obra, *tão efêmera quanto imortal aos olhos de quem esteve presente no teatro* para conferir aquele trabalho.

O tempo nos dá o sabor da existência. Ele depura tudo, nos faz usufruir cada detalhe como único, insubstituível, eterno.

Por tudo isso, apesar de completar cinquenta anos de palco neste ano de 2024, sinto-me sempre começando, nascendo e me transformando a cada apresentação.

A energia de um começo é muito positiva: é a energia do entusiasmo, do ânimo, da esperança, do impulso necessário para se atingir uma meta.

Ampulheta

Todas as coisas têm seu tempo, o qual contamos de várias maneiras. Por exemplo, com um relógio, um cronômetro ou um calendário – este último podendo variar conforme a cultura e a referência.

Pelo sol, que nasce e pode ser visto em seu ápice e seu ocaso; pela natureza, que tem seus ciclos de nascimento e morte bem marcados e perceptíveis entre a semeadura e a colheita; nas mudanças das estações pelas quais contamos os dias e anos.

Dentre os marcadores de tempo, há também a "ampulheta", que, além de registrar o tempo específico em que a areia desce pelo pequeno orifício e escoa para a parte inferior, tem um simbolismo único.

A forma da ampulheta, com seus dois compartimentos, representa a analogia entre o alto e o baixo, o céu e a terra, o vazio e o pleno, que devem se suceder de modo ininterrupto, à medida que a areia passa de um lado para o outro.

A ampulheta é uma imagem de escolha. É preciso virá-la para que o movimento recomece e não cesse nunca. Simboliza a passagem do superior para o inferior — ou seja, do celeste para o terrestre e vice-versa —, exibindo, em forma de areia, a escolha do caminho a seguir.

O filete de areia representa as trocas entre um e outro mundo, e o estrangulamento no meio reproduz o caminho estreito por onde se efetuam essas trocas. Inexoravelmente, o fim está presente, faz parte da figura e nos lembra de que tudo tem início, meio e fim.

O encerramento é parte do ciclo de aprendizados a que todas as coisas obedecem e respeitam. Mais uma vez, olhamos para o horizonte e percebemos que ele pode não estar mais lá. Lembrar que tudo tem seu fim nos faz aproveitar melhor o nosso tempo e a valorizar a vida, que é como a areia: vai se extinguindo a cada dia, preenchendo outra forma de existência.

No início, a areia se move lentamente. No entanto, à medida que vai chegando ao fim, acelera para a manifestação da Fonte divina que nos habita. É como a gota de água que se mistura ao mar. O poeta Rumi expressou essa ideia ao afirmar: "Você não é uma gota no oceano. Você é um oceano inteiro numa gota".[1]

---

[1] RUMI, J. ud-Din. *Poemas Místicos: Divan de Shams de Tabriz*. Seleção, tradução e introdução de José Jorge de Carvalho. São Paulo: Attar Editorial, 2012.

Tudo tem seu tempo:
o tempo de plantar e o de colher;
o tempo de rir e o de chorar.
O tempo de ir e o de ficar;
o tempo de prender e o de libertar;
o tempo de viver e o de morrer.
Mas sempre é tempo de amar.

Que possamos sempre brindar ao tempo, reconhecendo sua marca em nossa vida, sua sabedoria, sua resiliência, valorizando cada momento como único e passageiro.

Esperança ativa

Segundo acepções formais, esperança significa acreditar que determinada coisa vai acontecer. Trata-se do sentimento de quem vê como possível a realização daquilo que deseja. Poderia ser definido também como expectativa, espera, possibilidades, eventualidade, promessas, alternativas, cenários.

Esperança é a segunda das três virtudes teologais, ao lado da fé e da caridade. O mundo vive um estado de caos: os valores parecem ter perdido significado, o ser humano passou a destruir a si mesmo e a vida não tem mais a importância que deveria ter. As gerações futuras estão perdidas por décadas.

Nesse cenário obscuro, não podemos simplesmente sentar e esperar que as coisas mudem. Precisamos mudar primeiro para que possamos ver a transformação ao nosso redor. Se temos esperança de que algo se modifique, o que podemos fazer para que de fato aconteça? Se nossa intenção é agir pela cura do mundo, é necessário começar pela autocura, pela consciência do que deve ser mudado. Clareemos nossa visão de possibilidade e vamos à luta.

E como mudar a nós mesmos? Primeiro, acreditando que a mudança é possível; depois, estudando maneiras de atingir o objetivo desejado e, então, colocando nossa intenção em ação.

> **Quando colocamos nossa esperança em ação, provocamos uma reação em cadeia que vai gerar mais movimento. É como andar de bicicleta: quanto mais pedalamos, mais velocidade ganhamos. O mais difícil é sair da inércia e criar a dinâmica do movimento.**

Quando enxergamos algumas urgências da humanidade, analisamos as circunstâncias e despertamos o senso de propósito, ativamos um poder de atitude dentro de nós. Podemos fazer a diferença no mundo – e isso pode nos dar muita alegria, razão de existir, pertencimento.

Seguimos alguns padrões sociais que nos determinam em certas circunstâncias. O crescimento econômico é considerado essencial para a prosperidade e o progresso, mas são esses mesmos fatores que estão provocando os colapsos de sistemas ecológicos e sociais, resultando em perturbações climáticas, esgotamento de recursos e extinção em massa de espécies. Há, porém, aqueles que acreditam numa sociedade que sustenta a vida, comprometida com a cura e a recuperação do nosso planeta – uma reconexão que se faz necessária para expandir a capacidade de responder criativamente às crises do nosso tempo. A leitura do livro *Esperança criativa*, de Joanna Macy e Chris Johnstone, é uma fonte de práticas e ideias para fortalecer nossa jornada de transformação pessoal e coletiva para a grande virada do mundo.

Juntos somos melhores e mais fortes. Acredite, é possível!

O amor é capaz de iluminar todas as camadas existentes de nossa humanidade, pois é a própria essência da luz. Ele é fonte, ele é matriz, ele é a criação em si mesmo. É o estado supremo do ser.

A viagem da alma

É importante viajar, conhecer outras culturas, pessoas, geografias, gostos e texturas. Desvendar novos hábitos nos permite remexer o baú das memórias que guardamos como referências de nós mesmos.

Cada experiência adquirida impacta as demais, as quais se tornam parte do passado. Nossa identidade é moldada pela soma dos registros emocionais e das informações acumuladas durante toda a vida; a cada nova viagem, portanto, abrem-se as portas do conhecimento – portas para fora e para dentro de nós.

Comparamos, então, o que sabemos com aquilo que desconhecemos e aumentamos nosso vocabulário de sensações e entendimento do mundo e da humanidade. Como as crianças, abertas para tudo, estamos receptivos ao novo.

Quem são? Do que gostam? O que comem? Como vivem? O que contam para seus filhos? Como se divertem? Como criam sua arte e cultura? O que cantam e dançam?

A cultura é a identidade de um povo.

Para conhecermos melhor cada cidade que visitamos, precisamos observar as pessoas e suas manifestações, sua cozinha, o artesanato regional, as músicas típicas e suas danças, os quadros e tapeçarias, sua vestimenta ou arranjo de cabelo, sua fé e religiosidade.

Minas Gerais, por exemplo, é um celeiro de descobertas que une passado e futuro. Uma região rica em minérios e narrativas de rebelião e liberdade. Quantos segredos escondem aquelas montanhas e quanta sabedoria há em suas encostas.

Em cada prato de tutu de feijão com couve fresquinha do quintal podemos sentir um pouco da história de gerações de mineiros que nos recontam sua cultura no leitão pururuca, no doce de leite com queijo branco, na pinga que abre o apetite e no cafezinho que finaliza a refeição.

São famílias inteiras que se apresentam diante de nós por meio de uma receita de bolo que passa de mãe para filha. É o jeito especial de fazer pinga que um tio desenvolveu e que os sobrinhos levaram adiante. Quanto de história consumimos em cada momento vivo de uma viagem.

Algumas paisagens nos levam a meditar sobre o tempo, sobre quem realmente somos e aí a viagem se volta para dentro e descobrimos em alguns momentos de silêncio e meditação que possuímos também um outro universo dentro de nós.

Nós também podemos viajar de olhos fechados e um aroma diferente nos levar para outros continentes.

A cada nova viagem, abra seus olhos e ouvidos, apure o olfato e as papilas gustativas, toque o que puder e sinta tudo. Tire os sapatos para que todo o seu corpo também possa viajar e registrar cada novidade em seu banco de memórias.

Afinal, somos um grande banco de memórias genético – como computadores de referências, que, ao contrário da frieza das informações, irradiam o calor da vida, que se manifesta no cotidiano de cada bairro, cidade, estado ou país deste planeta Terra, que é a nossa casa.

Podemos viajar sem sair do lugar, basta respirar e deixar a imaginação fluir nos cenários de nossa mente por meio de nossas sensações e sentimentos. Os grandes inventores viveram suas criações primeiro dentro de si mesmos, antes de transformarem suas percepções em realidade. Cada ideia precisa ser gerada como uma criança, para que possa se desenvolver e florescer no mundo.

    Experimente fechar os olhos e viajar por sua mente. Sente-se de maneira confortável e permita-se voar em pensamento, desconectando-se do que está acontecendo ao seu redor. Mergulhe em si mesmo e um mundo de descobertas surgirá para você. *Transforme seu dia transformando sua mente; transforme sua vida transformando seus pensamentos e ações. Transforme a si mesmo ganhando consciência de suas escolhas, tendo a consciência do que é melhor para você.*

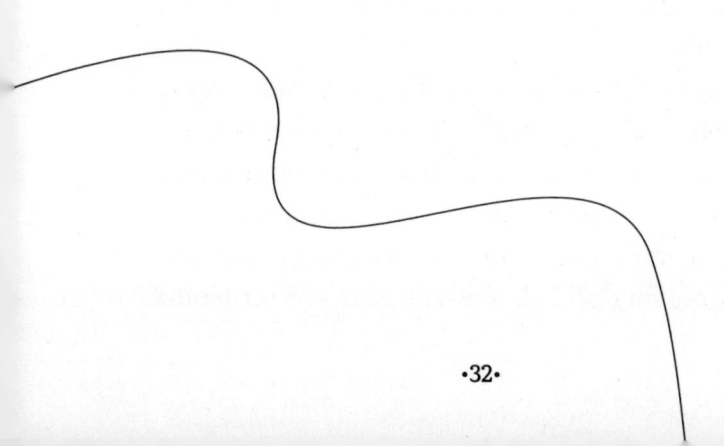

Retornar para a
essência amorosa
é despertar para a
consciência da unidade.
Ser o amor é ser
como um rio que se
funde com o mar.

O grande barco da humanidade

Durante muito tempo, o ser humano se viu como o centro do mundo e dos acontecimentos, sendo a grande referência da própria existência.

O que aconteceria se ele percebesse que não é mais o centro de tudo, mas um elemento constituinte do todo? E se compreendesse que, se deixar de existir, será rapidamente substituído por outra parte que assumirá sua tarefa? Será que passaria a ser mais cuidadoso, preocupando-se com os outros componentes dessa jornada?

Estamos todos no mesmo barco – o planeta Terra –, seguindo em constante movimento e aprendizado, surfando nas ondas cósmicas do Universo.

Li um texto maravilhoso do poeta Ruy Duarte de Carvalho, em seu livro *Decálogo neoanimista*,[1] que traduz lindamente essa ideia e nos faz pensar que tudo tem uma alma que se exprime de modo diferente a cada

---

[1] CARVALHO, R. D. Decálogo neo-animista. *Bula*. Disponível em: <https://www.buala.org/pt/ruy-duarte-de-carvalho/decalogo-neo-animista-ruy-duarte-de-carvalho>. Acesso em: 29 ago. 2024.

nova existência, em processo constante de evolução. Estamos todos interligados e em movimento:

> Estamos juntos todos, e todos no mesmo barco, os homens e tudo quanto existe no Universo inteiro. E, se existirem outros Universos, também eles, ainda, estarão junto conosco no mesmo barco. Deus não é uma entidade.
> É o total de um processo criativo e indecifrável em Devir, do qual cada um de nós, pessoa, animal, pedra, capim, astro, asteroide, vento, sopro e suspiro, desgosto e dor, euforia e glória, faz parte integrante e inalienável.

É incrível pensar que todos fazemos parte de uma teia invisível, complexa e bela de existências compartilhadas. É o conceito africano do "Ubuntu" estendido ao infinito: *eu sou porque nós somos*.

Há um axioma que diz: "*O espírito nasce na pedra, respira na planta, vive no animal e pensa no homem*". Já fomos pedra, planta e animal antes de chegarmos à nossa forma humana. Temos em nós um pouco de tudo isso, então, ao pensarmos de maneira mais inclusiva, ao cuidarmos das florestas, dos mares, do ar que respiramos e da Terra que nos sustenta e alimenta, estamos cuidando de nós mesmos e de nossa espécie.

Será um grande salto qualitativo se a humanidade compreender a sua tarefa no caminhar do Universo. Cuidar uns dos outros não é um favor, mas uma necessidade. Quando sentimos isso em nosso coração, essa atitude se torna cotidiana e amorosa; não uma obrigação, mas um prazer. Os indígenas já nos mostraram como essa atitude coletiva é possível, cuidando uns dos outros com alegria, espírito público, responsabilidade e união. Você sabia que não existe menor abandonado numa tribo? Lá, todas as crianças – e os idosos – são responsabilidade de toda a aldeia. Todos são cuidadores.

É o princípio do amor exercido por todos e ensinado às crianças como atitude natural de cuidado e respeito. Já imaginou como seria se todos os países fossem solidários uns com os outros? Não haveria mais fome no mundo.

Se a tecnologia fosse compartilhada com todos e as descobertas da ciência fossem distribuídas, haveria uma mudança significativa na saúde. Não existiria mais o comércio da doença, que explora até a última gota de sangue a sobrevida do paciente. Em vez disso, veríamos uma preocupação com a prevenção e cuidados antecipados para evitar e curar as doenças antes de surgirem e de ser tarde demais.

A mudança mais significativa seria reverter a expectativa de ganância, presente em 99% das atividades lucrativas do planeta, para a distribuição de amor em forma de respeito, bem-estar, alimento, educação, saúde, saneamento básico, trabalho, condições dignas de desenvolvimento econômico sustentável, energia limpa, segurança, e cooperação mútua. Se pensarmos no planeta Terra como nossa casa comum, todos os países, povos e culturas farão parte dele – e, juntos, precisaremos cuidar de nossa mãe.

**Não se trata mais de pensar apenas em termos pequenos de nossas regiões demarcadas geograficamente, mas de adotar uma visão cósmica e uma realidade universal.
Agora é nosso planeta diante da imensidão do Cosmos. Ele é o nosso barco. Isso representa um salto evolutivo, uma mudança de paradigma. É um passo que daremos diante da eternidade. Não existe Planeta B.**

Uma das transformações mais necessárias pela qual teremos que passar é fazer com que o homem deixe de se ver como o centro do Universo se quiser realmente salvar o planeta.

O ser humano deve abandonar o egoísmo e a ganância, precisa deixar de querer ganhar cada vez mais, parar de acumular bens desnecessários, deixar de produzir lixo e adotar práticas de reciclagem. Precisamos cessar a extração e a destruição das riquezas naturais e começar a preservar o solo e as matas, quebrando o círculo vicioso de exploração do mais fraco. Saturada dos maus-tratos, a natureza responde com desastres cada vez mais frequentes e inevitáveis.

As leis de Deus e da natureza são soberanas e infalíveis: mais cedo ou mais tarde, seremos confrontados com o resultado de nossas ações individuais ou coletivas.

Vamos prestar contas de tudo o que recebemos ao aceitar a vida como oportunidade de crescimento e serviço. Qual foi o bem que praticamos? O que deixamos de legado ao partir da vida terrena? O que foi construído por nossas mãos, palavras e ações? Ao partir deste mundo, só levaremos aquilo que somos, nada do que temos.

Somos todos passageiros deste barco que desbrava o Universo. Estamos aqui de passagem para contribuir com o bem comum e limpar nossa casa, trazendo um pouco de alegria e regozijo – por meio da arte – a todos na jornada do cotidiano. Cantamos e dançamos a beleza da vida todos os dias em gratidão pela oportunidade de sermos úteis ao planejamento do constante "devir" de Deus, um vir a ser de possibilidades, mistério e compreensão, de nascimento e glória diante da eternidade.

A sabedoria da alma está
registrada em nosso espírito
e em nosso coração.
Ao nascer, passamos por um
processo de esquecimento
para que possamos
provar a nós mesmos que
aprendemos as lições da
vida, mas à medida que
ganhamos mais consciência,
essa memória começa a ser
despertada e ela retornará
para nós gradualmente,
tornando-se nosso guia para
todos os momentos.

O retorno a nossas origens

A morte é um retorno ao original de nossa alma, ao ponto de partida, à fonte de onde saímos: nossa essência é espiritual. A verdadeira vida, portanto, é lá, e não aqui. Estamos em exílio de nossa morada original; somos seres espirituais. Mas por que nos assusta tanto falar sobre morte e espiritualidade, se essa é nossa essência maior? É o medo do desconhecido.

Se a verdadeira vida é lá, então nosso nascimento para a carne é uma espécie de morte para a vida, e a morte que tanto temamos encarnados é um renascimento para a liberdade do espírito; um retorno para a nossa verdadeira casa. Isso me faz pensar em como ficamos aprisionados a uma realidade por comodismo ou medo, em vez de ir em busca da verdade. O "Mito da caverna", de Platão, aborda esse tema com maestria.

Nessa alegoria, Platão descreve um grupo de pessoas que, desde o nascimento, vivem acorrentadas em uma caverna, viradas para a parede. Impossibilitadas de se mover ou ver a luz do sol, e sem conhecimento do mundo exterior, a única realidade que conhecem são as sombras dos objetos que passam à frente de uma fogueira acesa do lado de fora, projetadas na parede. Aquelas imagens se tornam maiores, já que lhes são desconhecidas e provocam medo. Quando um dos prisioneiros se solta e sai da caverna, ele descobre um mundo completamente diferente, com cores, formas e dimensões até então desconhecidas para ele. A realidade que antes eles conheciam, portanto, era uma sombra da verdadeira realidade.

**Platão nos ensina que a verdadeira
realidade é eterna e imutável,
e que devemos ir sempre em busca
dela para compreender melhor
o mundo e a vida que nos cerca.
Assim, precisamos entender
o sentido de uma vida espiritual,
que não é algo que está fora de nós,
mas ao contrário: é nossa
verdadeira fonte de existência.**

Cada um de nós está encarnado em processo evolutivo e de crescimento. As experiências que vivemos servem de aprendizado na depuração moral de nosso espírito e no serviço que prestamos ao próximo: fazendo o bem, auxiliando no crescimento de companheiros de jornada, explicando, amparando, trocando e alimentando relações de afeto, amizade, cumplicidade, parceria. Isso tudo é o que levamos quando partimos desta vida. Aprendemos uns com os outros todos os dias.

A educação é fundamental para libertar as pessoas da ignorância e do engano, permitindo a todos buscarem a verdade e sua desejada felicidade. Quando descobrimos nosso propósito de vida, aceitamos os percalços, obstáculos e dificuldades como oportunidades de aprendizado e serviço. Tudo ganha uma nova dimensão e passamos a entender as leis de "causa e efeito" como uma chance de compreensão das consequências que nossas ações provocam ao lidar com os outros de uma maneira mais responsável e amorosa.

Buscamos ampliar nossa capacidade amorosa em todas as coisas e pessoas, pois o amor é a grande força capaz de salvar a humanidade e fazê-la prosperar. **Nossa verdadeira origem é o amor.** Sociedades mais justas almejam oportunidades iguais para todos, menos violência e mais educação, saneamento básico, água encanada, escola e trabalho digno. Buscam extinguir a fome, a pobreza, o racismo, o feminicídio, o etarismo e as perseguições a minorias, ao mesmo tempo que promovem mais respeito à diversidade de gêneros, à liberdade de pensamento e ação, às culturas e manifestações artísticas que geram reflexões e provocações no pensar e no sentir.

Com menos fome, menos pobreza, com condições dignas de saneamento básico, água encanada, escola e trabalho dignos. Nossa casa, que é nosso planeta, está precisando de nós. Temos que cuidar melhor de nossa mãe Terra, de nossas crianças, adolescentes, nossos idosos, para que tenhamos um futuro possível no Cosmos.

Temos que encontrar a liberdade de nosso ser na dimensão do Universo, sair da caverna da limitação de nosso olhar para ampliar os horizontes seguindo o compromisso estelar de nossa espécie. Um mundo com mais luz, paz, harmonia, afeto e amorosidade – assim como deve ser o mundo espiritual do qual viemos. *Podemos retornar às nossas origens sem precisar partir de nosso corpo*, apenas saindo da caverna do egoísmo, do materialismo, da ignorância e da vaidade, olhando-nos nos olhos, sorrindo uns aos outros, abrindo os braços e o nosso coração para a vida. Aceitemos a tarefa que nos compete e agradeçamos pela oportunidade que nosso espírito recebeu de estarmos aqui e agora, neste exato momento de nossa existência.

Estamos vivendo momentos muito tristes de tanta violência; violência física contra crianças, contra mulheres, violência verbal, violência virtual e presencial, violência emocional, intolerância em todos
os sentidos.

Precisamos reverter esses impulsos de violência para impulsos de indulgência e de tolerância, impulsos de afeto, de respeito; devemos pacificar nossos impulsos.
Temos que aprender a
amar os outros como gostaríamos de ser amados.

Todo rio corre em direção ao mar

Todo rio me encanta. Seu movimento, sua fluidez, sua essência... um fluxo constante de água que busca seu destino, que é a imersão no oceano; tornar-se mar. Desaparecer para se ampliar; fundir-se ao todo sem perder a individualidade da gota. Para isso, não mede esforços: passa por cima de pedras, obstáculos e barreiras vencidos pelo acúmulo do líquido que, com movimento, ganha força e derruba tudo pela frente.

A força da água, que tanto bate até que fura, é de outra qualidade: a da maleabilidade, adaptação, transformação em si mesma, extraordinária movimentação de moléculas que fazem do acúmulo e do movimento uma potente capacidade de enfrentar os desafios e, na maioria das vezes, vencer.

Como ser na vida um pouco rio? Como deixar-se fluir diante dos acontecimentos sem interferir, aceitando o caminho sem controlar o impulso natural de seu destino? É um aprendizado constante.

Todo rio corre em direção ao mar, esse é seu fluxo natural e não podemos modificá-lo. No entanto, podemos construir uma passagem ideal para esse rio correr, a fim de que sejamos um bom canal da fluência de nosso destino. Para que o que é de cada um chegue no tempo certo de cada coisa. Para alimentar o fluxo desde a nascente.

Aceitar o tempo é uma sabedoria importante, e a água conhece a força da constância, persistência, dedicação e insistência em nossos objetivos. Não conquistamos nossos sonhos sem a eles nos dedicar, sem estudo, trabalho, elaboração e esforço. *É uma construção: precisamos de um tijolo após o outro; uma gota após a gota. É essencial ter paciência, e isso inclui esperar muitas vezes, sentados à margem de nós.*

Ninguém gosta de esperar, mas a espera faz parte de algumas fases da vida. Esperamos nove meses para nascer, foi necessário para o desenvolvimento de nosso corpo em sua primeira morada: o útero de nossa mãe, a primeira água que nos envolve.

Alguns, porém, não aguentam e decidem vir ao mundo um pouco antes do previsto. São os apressadinhos, e eles pagam por isso: precisam ser colocados em uma incubadora para finalizar o processo. A espera parece uma inutilidade, mas ela tem sua função.

Tudo na vida tem um motivo de existir. Quando aceitamos o movimento natural da vida, em seus ciclos e ritmos, deixamos de brigar com o movimento do rio e somos levados por ele. Viramos parte da correnteza. Aceitamos que iremos para outro lugar, que nossa vida talvez precise de mudança: conhecer outras pessoas, aprender novos saberes, realizar novos projetos, encontrar novos caminhos.

**Não brigue com seu destino.
Deixe que leve você aonde ele quiser.
Aos poucos, você reconhecerá
os motivos, agradecerá pelas
oportunidades que aparecerem
e se transformará lentamente para
um novo ser-fonte que precisava desse
movimento do rio para se tornar
o mar de si mesmo.**

A serenidade nos ajuda a enxergar as coisas com aceitação, compreensão e calma. Não podemos nos afligir diante das mudanças. Devemos buscar a serenidade para esperar a "novidade" que está chegando.

Se todo mundo sabe como ser feliz, por que não somos todos felizes?

Todos sabem como ser feliz. Ou deveriam. Tudo depende da escolha de cada um, já que a felicidade é uma construção diária e uma escolha constante, um exercício de positividade na maneira de olhar para as coisas, porque fundamentalmente não depende de fatores externos, mas do que acontece dentro de nós. Muitas vezes, é a própria humanidade que atrapalha sua trajetória.

A felicidade do ser humano depende de si mesmo. Não tenho dúvidas disso, pois acredito que o próprio conceito de felicidade é um conceito muito pessoal. Não existe fórmula ou único jeito de se conseguir ser feliz. Penso que a felicidade é um conjunto de elementos e uma maneira de encarar a vida, proporcionando-nos qualidade no existir. Ela nos faz ter alegria de viver, sentido de pertencimento, de utilidade para nosso potencial, encontro de metas e objetivos que nos impulsionam rumo ao crescimento.

Quando encontramos nosso propósito de vida, enxergamos com mais clareza como usar um determinado dom para servir ao todo. Essa compreensão confere um sentido maior de utilidade a quem encontra e segue seu objetivo.

Meu olhar sobre esse tema é simples: observo algumas atitudes que nos ajudam a ter esse sentimento tão procurado por todos e que está ao alcance de qualquer um. E o que eu observo, reproduzo:

Não se canse de ser bom.
Quando fazemos o bem, sentimos
uma alegria interior e uma sensação
de bem-estar muito especial.
Ou seja, fazer o bem faz bem.

Nunca se separe de Deus, ou daquilo
que considera um poder superior
e ao qual, nos momentos difíceis,
você recorre em oração. Ele está
mais perto do que imagina e seu
templo é dentro de você mesmo.

Nunca se perca de sua família – ou de
seus amigos, que são a família que você
escolheu. Eles são um amparo e uma
referência afetiva importante para
seu equilíbrio interior.

**Cuide bem de suas relações,
pois elas são muito importantes.
Nenhum homem é uma ilha,
e precisamos uns dos outros
para sermos felizes.**

**Não perca sua fé. Ela traz qualidade
de vida fundamental para conquistar
qualquer objetivo, seja a felicidade,
seja o sucesso ou a realização
de seus sonhos.**

**Não se esqueça de sonhar e projetar
o melhor de si mesmo para o alto,
porque você pode ser cocriador de
sua vida. E, se tem esse poder,
comece a usá-lo para o seu bem.**

Se você exercitar um pouco dessas atitudes, acredito que terá alguma chance de encontrar o que procura. Depende só de você.

PARA SER FELIZ, O MOMENTO MAIS IMPORTANTE É O AGORA!

A dor tem uma função em nosso corpo e em nossa alma. É sinal de alerta para que encontremos a causa dela e a curemos. Para o corpo, temos analgésicos e terapias alternativas; para a alma, há o amor, que pode se transformar em carinho, afeto, compreensão e perdão. Toda dor serve ao propósito do aprendizado. Quando não se aprende pelo amor, se aprende pela dor.

Despedida

É muito difícil dizer adeus; aliás, é muito difícil perder. Perder qualquer coisa: um grande amor, um parente, uma pessoa querida, o emprego, a autoestima, a juventude, a saúde, a referência, nos perder de nós mesmos. Acredito que o sentimento da perda tem a ver com o sentimento de posse.

Nós, na realidade, não possuímos nada. Achamos que o amor significa uma conexão que só pode existir se for única, se for só conosco. *E o amor, ao contrário da posse, tem que ser livre, amplo, verdadeiro. Tem que ter respeito e confiança.* Uma relação se estabelece com base no nível de cumplicidade e confiança que o casal constrói ao longo do relacionamento.

Viver a dois é sempre um processo de construção. Nenhum relacionamento nasce pronto; eles são tecidos pouco a pouco, alimentados pela convivência e pelo respeito ao espaço de cada um. É a soma dos sonhos e da realidade de duas pessoas diferentes que se ajudam mutuamente em busca de um objetivo comum. Quando relacionamentos não dão certo, vem um sentimento de derrota, tristeza, desânimo e dor, como se a construção de um destino desabasse, restando apenas ruínas, destroços de uma vida.

Muitas pessoas ficam presas em relacionamentos tóxicos, alimentando uma doença que surge da carência afetiva enraizada na criança interior, que foi ferida ou abandonada e está sempre em busca de reparação desse amor negado. Quando os relacionamentos têm início nesse lugar, um desequilíbrio na relação sempre será instaurado: "Eu te dou atenção, mas você vai fazer exatamente o que eu quero e como eu quero!". É um jogo de poder, uma codependência em que os parceiros tiram energia um do outro. É uma competição que reforça a falsa ideia do eu, levando ambas as partes a se tornarem dependentes de uma relação que se alimenta da carência e do amor exclusivo, resultando na perda total da liberdade.

Como ir além disso? A resposta está dentro da própria relação. É preciso encontrar a união, cooperando com o outro, incentivando-o a brilhar. Para isso, temos que ir além da ideia do "eu" e do "meu", saindo do egoísmo e encontrando a força divina que habita em nós. *É nosso Deus interno que pode restaurar quem somos e fazer nossas relações mais equilibradas e compartilhadas.*

Mas e quando a perda é para a morte e nos deparamos com o imponderável? Somos obrigados a olhar para a nossa insignificância, a nossa impotência diante de algo muito maior que nós. Somos nós perante o Absoluto, a nossa vontade contra a Dele. E quem somos nós para contestar tamanha vontade? *Precisamos aceitar que não dominamos o destino, mas controlamos como lidamos com ele.* No entanto, as cartas já foram dadas, temos um caminho traçado e nos comprometemos com ele, então qualquer desvio – que sempre pode acontecer, porque é nosso livre-arbítrio – é sempre "Ele" quem escolhe.

Esse caminho é só nosso e nos levará ao ponto de chegada programado para nós. A tragédia grega nasce desse lugar, o ser humano encarando o poder dos deuses, cuja vontade é soberana à nossa e que somos obrigados a seguir, ou repelir, contra a qual nos revoltar, até adquirir a compreensão do conflito e retornar ao estado de paz.

Isso acontece no processo do luto, durante o qual passamos por todas as cinco fases conhecidas e necessárias: negação, raiva, barganha, depressão e aceitação. Primeiro, negamos a situação, não queremos falar a respeito, não aceitamos que aquilo esteja acontecendo. Depois, nós no rebelamos, colocando toda a nossa raiva para fora: gritamos, choramos, nos revoltamos. Tentamos, então, negociar um retardamento, uma recompensa por essa perda, encontrar culpados para fugir do que estamos sentindo, mas inevitavelmente acabamos chegando na dor.

Temos que vivenciá-la. *Encarar nossa dor é tão importante quanto compreender nossa alegria. Os sentimentos são intensos e profundos, nos desequilibram e desestabilizam, mas a vida é movimento, é constante transformação. E o tempo é um grande auxiliar para essa fase, fazendo-nos seguir um dia após o outro, um passo de cada vez para chegar a um lugar menos dolorido, mais tranquilo de se estar. Aí, então, vem a aceitação, a compreensão da morte como parte da vida.* Vivemos ciclos e a morte faz parte do ciclo da vida. Não podemos nem devemos negar sua existência, porque isso seria tapar o sol com a peneira.

É necessário aceitar a grande verdade da vida, por mais doloroso que seja: tudo o que existe, nasce, se desenvolve, declina e morre! É assim a vida, por mais doloroso que seja. No entanto, a mesma dor que nos derruba também nos fortalece e nos faz levantar, seguir adiante, mais fortes e resilientes depois dessa experiência para chegar ao fim do caminho que nos compete traçar. E temos de fazê-lo em homenagem aos amados que perdemos, sendo felizes como eles gostariam que fôssemos. E seremos, em nome do amor que devemos a eles.

Perder o emprego também não é fácil. Muda-se tudo: atividade, dinheiro, status, objetivo profissional, perspectivas e desejos. Uma situação como essa pode causar uma virada de 180 graus em nossa vida, mas isso pode ser bom. Às vezes, precisamos desse "choque" para tomar novos rumos e ter novas iniciativas – por exemplo, começar a empreender, descobrir um talento adormecido e fazer dele uma forma de ganhar dinheiro, ir em busca de um sonho esquecido que precisa ser relembrado.

> **Mudanças são positivas, mesmo que comecem de forma dolorosa e difícil. Dizemos adeus àquela vida de antes porque o novo nos espera à nossa frente.**

A perda da juventude é uma coisa natural, mas pode ser um baque para aquelas pessoas que não aceitam as mudanças no rosto, no corpo e na alma. Envelhecer é um processo difícil e doloroso, e nem todos estão preparados e tentam evitar a todo custo, mudando as feições, os traços do rosto, a aparência até se perderem de si mesmos. Querem viver numa idade que já não possuem mais, ficam desajustados, são velhos com rostos jovens, mas que parecem bonecos, perdem a naturalidade das expressões, das feições e de seu próprio tempo. É um processo que começa com a vaidade e vai parar na autoestima. Tudo bem, é importante se amar, ser saudável, cuidar da aparência, mas eu vejo algumas distorções preocupantes e desnecessárias, enfim, cada um com seu cada qual.

A perda da autoestima me parece uma das mais graves, pois tem a ver com desistir de si mesmo, sem compreender o que significa estar vivo, aqui e agora! Não precisamos fazer o que a sociedade nos pede apenas para nos sentir aceitos. Esse movimento sempre nasce da carência. Devemos fazer algo que nossa alma nos pede, para que nos aceitemos.

Antes de agradar os outros, precisamos nos agradar. É como o aviso de emergência no avião: primeiro, coloque a máscara em você; depois, na criança. Temos que ouvir a voz de nossa alma, de nosso Ser Superior, que nos manda tantas mensagens, através de intuições, sinais, percepções que acontecem "por acaso" em nosso caminho. Esse "acaso" é um recado silencioso, e eu acho que nada é mais programado que o "acaso".

Aprenda a se conectar com você mesmo. Existem tantas maneiras para isso. Tente entender e conhecer melhor suas potencialidades, o que te proporciona prazer, o que te faz bem, o que te dá sentido para seguir a caminhada na Terra. Perceba que viver não é só corresponder à voz de nosso EGO, que se manifesta em nossa vaidade, no sentimento de aceitação, de achar que o amor só será possível se estivermos dentro de um padrão físico, de idade, peso, estética, classe social, orientação sexual que a sociedade aprova, e que fora isso seremos rejeitados por ela e principalmente por nós mesmos.

Não faça isso com você. Para amar os outros, temos que aprender a nos amar primeiro, a nos respeitar, valorizar e compreender. Faça análise, converse com amigos, fale de seus sentimentos, troque ideias com pessoas de quem você gosta e que te fazem ser melhor. *Não se isole, não se separe dos outros porque se sente diferente. Ser diferente é muito bom, é o que torna a vida mais rica, interessante.* Aprendemos uns com os outros todos os dias.

Não diga adeus a você mesmo. Diga adeus à sua insegurança, a seus medos, carência, vaidade disfarçada de orgulho. Encontre suas virtudes na gentileza, generosidade, curiosidade e afeto. Principalmente no amor, que é amplo, inclusivo e incondicional. O amor é livre e eterno.

Conhecer a própria voz

Todas as mulheres guardam um segredo em comum: somos filhas do mistério, temos em nós o subjetivo, o sensível, a sabedoria abstrata dos sentimentos. Somos emotivas em essência, mas isso, ao contrário do que muita gente pensa, não nos fragiliza, e sim fortalece.

Carregamos o elo da ancestralidade feminina, uma herança que habita a humanidade em cada uma de nós. Afinal, somos a metade da população do mundo e mães da outra metade. A vida passa por nós. Quando refletimos sobre isso, nos distanciamos de seu significado verdadeiro, levamos para um dado histórico, quando de fato é vivência constante em nosso cotidiano.

> Toda a cultura chegou até nós e aos nossos dias através da oralidade de milhares de mulheres ao longo de gerações. Foram elas que contaram,

a seus filhos e netos, a história de seus povos, seus hábitos e rituais, seus gostos e temores. Por meio delas, aprendemos quem somos, de onde viemos e a que cultura pertencemos. A cultura é, afinal, nossa identidade. Essa sensação de pertencimento vem através de nossas mães, que nos incluem em algum núcleo familiar, em alguma comunidade, independentemente de onde estejamos no mundo.

Nossas mães são as grandes referências afetivas que governam nossa vida. E um dia seremos também a de nossos filhos e netos, quando chegar a nossa vez. É pela educação que aprendemos a "aprender", que ampliamos nosso olhar para o mundo e para o outro, que ganhamos novas perspectivas da realidade à nossa volta e valorizamos nossas raízes. Conheci minha história pelas narrativas contadas por minha mãe e minha avó. Foi por elas que tive acesso a minhas raízes, minha ancestralidade, e à história da minha família.

Descendo de uma família de artistas, mas a família de minha mãe é um grande matriarcado. Venho de uma linhagem de mulheres fortes e decididas que conquistaram sua autonomia, realizaram seus sonhos e plantaram suas sementes.

Com minha bisavó Rosa, que era italiana, aprendi o que é CORAGEM, pois foi o que ela teve que ter para atravessar o oceano e começar uma vida nova no Brasil. Com ela, também conheci o que é RESILIÊNCIA, pois desenvolveu seu talento e fez uma faculdade depois de casada e de ter tido seu terceiro filho, formando-se médica para ajudar a sustentar a família. E a GENEROSIDADE de criar seus seis filhos e nove sobrinhos dando o melhor de si mesma.

Minha mãe sempre nos contava a seguinte história, que é linda.

Minha bisavó Rosa adorava mortadela, mas, como não tinha muito dinheiro para que todos comessem esse embutido, ela separava as "gordurinhas" e dava a carne para as crianças. No dia do seu aniversário, querendo agradá-la, todos juntaram um prato grande só de "gordurinhas" para dar de presente para ela, achando que era a parte que ela preferia. Foi somente então que ela lhes revelou que não gostava das "gordurinhas", mas que ficava muito feliz de ver os filhos saborearem a mortadela com tanto gosto. Um belo exemplo de generosidade.

Com minha avó, por sua vez, aprendi o sentido de OUSADIA – pois ela, uma mulher à frente de seu tempo, quebrou padrões e foi em busca de seu destino –, LIBERDADE – já que escolheu ser ela mesma e não aceitar impedimentos para seus sonhos – e LEVEZA – porque enxergava a vida sempre com humor e alegria. *Ela nos ensinava por meio de sua criança interior, da sua maneira de ser e das brincadeiras, que nos diziam grandes verdades.*

Quando eu estava triste por algum motivo e chorava, ela me dizia: "Minha filha, se chorar adiantasse, eu me sentaria ao seu lado e choraria junto com você. Mas isso não resolve nada. Não adianta, minha filha. Então, levante daí e vamos encontrar uma solução para seu problema. Você não está sozinha, eu estou junto com você".

Minha mãe foi criada com essa referência e essa proteção afetiva feminina, que permitiu desde cedo desenvolver seu talento e ingressar numa difícil profissão: a de atriz. Ela estreou profissionalmente aos 14 anos pelas mãos de Dulcina de Moraes, outra grande mulher e referência de seu tempo, grande atriz, produtora e primeira diretora de teatro do Brasil. Dulcina ensinou à minha mãe que na nossa profissão existem duas forças paralelas muito fortes e passageiras: O Sucesso e O Fracasso. *Aprenda bem com o fracasso para que você possa suportar o sucesso. Lembre-se de que os dois são passageiros.*

Minha mãe teve uma ascensão rápida e sólida: empreendeu desde muito nova e, aos 18 anos, já tinha a própria companhia de Teatro – "Nicette Bruno e seus comediantes" –, na qual, alguns anos depois, meu pai entrou como contratado e conquistou o coração dela para sempre. Juntos, tiveram duas companhias e três teatros.

Com minha mãe, aprendi o AMOR a tudo e a todos – nosso sentimento matriz, com o qual tudo pode ser transformado. A FÉ: uma conexão direta com Deus e que nos ajuda a enfrentar qualquer desafio. Aprendi, também, sobre a ESPIRITUALIDADE e a TRANSCENDÊNCIA de nossa alma; o processo evolutivo através das encarnações e as leis de causa e efeito. E a ALEGRIA, o combustível essencial para a FELICIDADE.

Minha mãe dizia que "Tudo é ENERGIA". Segundo ela, "*somos centros de emissão e recepção de tudo o que é bom, alegre, próspero e feliz. O sentido da vida é amar*".

Como nasci nesse ambiente de arte, cultura e liberdade, também desenvolvi meu talento desde muito cedo: pisei no palco pela primeira vez aos 3 anos; estreei profissionalmente com 13, ao lado de minha mãe e minha avó no teatro. Toda a minha trajetória de vida e profissional foi marcada pela referência dessas grandes mulheres da minha família e da arte. *São elas que me* chamam para assumir, com mais intensidade, meu lugar no mundo, a minha voz.

Depois de atuar por muitos anos em teatro, televisão e cinema, comecei a fazer dramaturgia e direção de meus projetos pessoais.

Em 2014, meu pai partiu depois de uma luta sofrida de quatro anos contra um câncer. Foi uma forte perda, sentida por todos, e eu quis muito ajudar minha mãe com um novo projeto; afinal, trabalho é um chamado para a vida. Adaptei para o teatro o livro *Perdas & ganhos*, de Lya Luft, e dirigi minha mãe nesse espetáculo. O teatro nos ajudou a superar nossa dor e deu força e coragem à minha mãe para suportar a perda de seu companheiro de toda uma vida. Foi um momento lindo de amor e cumplicidade que vivemos juntas. A arte nos uniu mais uma vez e, ainda, deu suporte àqueles que foram ao teatro em busca de um auxílio para superar as próprias dores.

O último ensinamento de meu pai foi: **"Aproveitem a vida. Ela é linda, mas passa rápido"**. É uma grande verdade: estamos todos aqui de passagem, somos peregrinos de uma jornada de crescimento e aprendizado.

Em 2020, o imponderável entrou em minha vida e perdi minha mãe para a covid-19 em apenas 21 dias. Foram 21 dias de apreensão e desespero, pois não podíamos fazer nada para diminuir o sofrimento dela, nem impedir seu desfecho trágico.

Foi uma dor inexplicável! Perder a mãe é perder nossa maior referência. Ficamos órfãos, e morremos um pouco também.

Agora, não podia mais contar com nenhum deles: minha avó, meu pai e minha mãe. Era inevitável, eu estava sozinha. Vivi intensamente o luto, a saudade, a falta, a dor. Quando estava muito fragilizada, ficava em silêncio, anestesiada pela dor, olhando o céu, a natureza, a chuva. Chorava junto com a chuva. A natureza é muito sábia, ela respeita o tempo. Olhava o mar, com suas idas e vindas, as ondas com seu movimento incessante, com seu horizonte e a sensação de infinito que ele nos dá. *Precisei viver a minha solidão.*

Se você já viveu isso, sabe como é difícil e necessário respeitar o próprio tempo. RESPEITE SEMPRE O SEU TEMPO. Voltei para dentro de mim, numa espécie de casulo interno, um espaço fechado e líquido, como se retornasse ao útero de minha mãe. Mas era dentro de mim, do meu útero, escutando minha respiração, o meu coração. Às vezes, ouvia uma música calma, meditava, fazia uma oração profunda, caminhava, escrevia. Momentos em que nos conectamos com o Cosmos, com o ABSOLUTO, lembrando-nos da nossa transitoriedade, e de que tudo passa. Cada sentimento vinha e passava por mim: dor, raiva, revolta, ansiedade, tristeza. Estes, porém, aos poucos foram ficando mais leves. Houve ACEITAÇÃO, COMPREENSÃO, percepção da PAZ.

Depois desse processo de luto, de mergulho no silêncio e no vazio, vivi um renascimento em mim, voltei transformada. A perda pode se transformar num grande trampolim para a gente, o impulso necessário para descobrir uma força interna que estava adormecida e que pode ser despertada pelo choque, pela dor, pelo trauma de uma perda.

Lya Luft diz uma coisa linda: "*Aprender a perder a pessoa amada é afinal aprender a ganhar-se a si mesmo, assumindo todo o bem que ela representava*".[1]

Foi isso que aconteceu comigo.

Perder minha mãe fortaleceu mais ainda a MINHA VOZ. Eu tive que aprender a ser mãe de mim mesma, encontrar todas as pessoas amadas dentro de mim, amadurecer com mais intensidade, ganhar autonomia e uma nova linguagem. Passei a escrever livros, e isso me ajudou muito. A escrita e a fala têm sido um processo de autoconhecimento, criatividade e fortalecimento de uma comunicação direta com o público, de coração para coração.

Nesse encontro comigo mesma, passei a ouvir meu coração com mais intensidade e confiança. E ele se tornou minha VOZ INTERIOR. O coração é a morada dos sentimentos sutis. Tente ouvir seu coração: é o seu maior aliado, sua ALMA falando com você. A RESPIRAÇÃO

---

[1] LUFT, L. *Perdas & ganhos*. Rio de Janeiro: Record, 2003.

CONSCIENTE ajuda muito nesse processo, sobre o qual vou lhe ensinar um exercício. Coloque a mão sobre seu coração e inspire e expire pela boca. Diga: EU SOU O QUE EU SOU, EU TE AMO e SOU GRATA. Repita várias vezes. Você vai sentir um calor saindo de sua mão e sendo transferido ao seu coração. Fale com ele, agradeça, pergunte-lhe aquilo cuja resposta você deseja saber: se for negativa, você vai sentir um aperto; se for positiva, ele fluirá naturalmente. Aprenda a ouvi-lo. É um novo nível de AMOR fluindo para você e para toda a humanidade através de você, que passará a ser um canal de transmissão dessa energia.

Arte, meditação e respiração consciente ajudaram a curar minhas feridas, a compreender meus sentimentos e a transformar a minha dor em amor.

Acredite em si mesma, crie boas memórias, dê significado à sua existência, encontre um propósito, seja mais leve e feliz. Esse é o grande ensinamento das mulheres sábias para cada uma de nós.

Que possamos fortalecer uns aos outros nessa corrente de cuidados e afetos que todas as mulheres e todos os homens conhecem e que está oculta dentro de nós.

Assuma seu lugar no mundo para uma ação consciente pela PAZ e pelo AMOR.

O que você está esperando para encontrar a própria voz?

Como nos ensina Shakespeare:
"O ESTAR PREPARADO É TUDO".[2]

---

[2] Ato 5, Cena 2, Hamlet.

A dor muitas vezes nos faz quebrar, vergar diante das circunstâncias. É preciso juntar os cacos, refazer nosso coração e recomeçar. Saímos mais fortes depois de uma dificuldade, de uma sacudida do destino, de uma rasteira da vida.

RECOMEÇAR SEMPRE.

A vida é uma grande história a ser escrita por cada uma de nós

Cabe a cada uma tecer o enredo e o final com as situações que o destino nos prepara, com todas as reviravoltas de uma boa novela. E, *como em toda novela, necessitamos de heroínas e vilões para levar o conflito adiante.* Precisamos de referências que nos sirvam de inspiração para tecer nosso enredo pessoal. Cabe aqui lembrar a trajetória de grandes mulheres brasileiras que souberem reescrever seu caminho e acenderam luzes para novas gerações.

São mulheres como Tia Ciata, uma das criadoras do samba e que abriu sua casa para, de braços abertos, receber pessoas de todas as classes, cores e credos. Seu papel foi fundamental nas manifestações culturais que deram início ao samba, aos blocos carnavalescos e seus desfiles no Brasil.

Ana Nery, conhecida como a mãe do Brasil, foi à frente de batalha como enfermeira durante a Guerra do

Paraguai para ajudar seus filhos. Além disso, foi responsável pela fundação da enfermagem no Brasil.

Chiquinha Gonzaga, grande compositora, mulher à frente de seu tempo, criou a Sociedade Brasileira de Autores Teatrais (SBAT), uma verdadeira "abre-alas" de sua geração, referência de talento e ousadia.

Maria Quitéria, a grande heroína da Independência do Brasil, a nossa Joana d'Arc, foi uma figura importantíssima no movimento da independência e a primeira mulher soldado do Brasil.

Cora Coralina, a escritora doceira, lançou seu primeiro livro aos 76 anos e nos ensinou que sonho não tem limites e que sempre é tempo de realizar sua missão na vida.

Bertha Lutz, que lutou pelo direito feminino ao voto, é uma bela representante da política e sociedade brasileira.

Carolina Maria de Jesus, um talento literário que aparece tardiamente registrando com detalhes a vida difícil das empregadas domésticas, teve voz fundamental nas conquistas dos direitos trabalhistas e contra o racismo.

Todas elas passaram pelo teste da crueldade e da maldade de alguns, porém descobriram dentro de si uma força de superação eclipsada pelas dificuldades e pala baixa autoestima, criada e alimentada pela estrutura social da época, plena de padrões misóginos.

Para mudar a sociedade precisamos, primeiro, mudar individualmente e a partir da nossa maneira de conceber o mundo. Temos que mudar nosso olhar!

Fomos criadas sob um rígido conceito de que nós, mulheres, somos inferiores, negando-nos reconhecimento por nosso talento e capacidade. Essa mentalidade, porém, está mudando pouco a pouco, graças a Deus e ao esforço de grandes exemplos vivos de sucesso e superação. No entanto, precisamos nos libertar de algumas ideias limitantes impostas pela educação que recebemos, uma educação que carece de reformulação profunda em seus conceitos sobre gênero e raça. Às vezes, sem perceber, ainda usamos termos racistas que não podemos mais aceitar. Essas ideias não nos representam mais. Como nos lembra Conceição Evaristo, outra grande mulher inspiradora, "a linguagem não só retrata a realidade, ela CRIA a realidade. Na linguagem se constrói um novo imaginário."

Somos responsáveis pela maior parte da força de trabalho, contudo, apesar de nossa capacidade, recebemos salários – no mínimo – 20% inferiores ao de homens que ocupam o mesmo cargo e têm as mesmas responsabilidades.[1] Apesar da lei que iguala os salários, ainda vemos essas diferenças. Nosso crescimento dentro de uma empresa é limitado a determinadas posições, sendo vedada nossa participação nos postos de comando dessa mesma companhia – com algumas raras e boas exceções.

---

[1] Mulheres recebem quase 20% a menos que os homens no Brasil. Forbes. Disponível em: <https://forbes.com.br/forbes-mulher/2024/03/mulheres-recebem-quase-20-a-menos-que-os-homens-no-brasil/>. Acesso em: 3 out. 2024.

No Congresso Nacional e no Senado, somos minoria, embora sejamos maioria em trabalho e votos válidos em todo o país. Temos que mudar essa realidade!

Hoje, grande parte das mulheres é autônoma e independente sendo em sua maioria o arrimo da família. E o aumento do empreendedorismo é uma realidade que está ajudando muitas delas a conquistar a independência e a liberdade de escolha. Ainda assim, segundo o Fórum Brasileiro de Segurança Pública, uma mulher morre a cada seis horas no Brasil, apenas pelo fato de ser mulher.

Temos que reescrever a história das mulheres deste país. Juntas somos mais fortes! Precisamos usar nossa voz, nosso talento, nossa sabedoria, nossa união, nossa capacidade e, principalmente, nosso amor para mudar comportamentos dentro de casa, no trabalho, na educação de nossos filhos e netos, com nossos colegas, superiores, subalternos, professores, vizinhos, pais e amigos. Onde quer que estejamos, *devemos acender luzes e ajudar na recuperação do atraso na educação de nossos jovens.*

O futuro nos espera. Cabe a todas nós, mulheres, a tarefa de ajudar a melhorar o mundo transformando novas gerações com mais consciência, resiliência e mais assertividade no AGORA!

Ninguém está aqui a passeio.
Temos muito trabalho pela frente.

O coração guarda em si a sabedoria de nossa alma. Quando Clarice fala que o pensamento mais profundo é um coração batendo, ela se refere a isso. Quando amamos, mandamos recado através do coração para nosso cérebro; assim, o nosso sentir traz conhecimento para o nosso pensar. É a conexão da mente e do coração que percebemos nas batidas descompassadas de nosso coração.

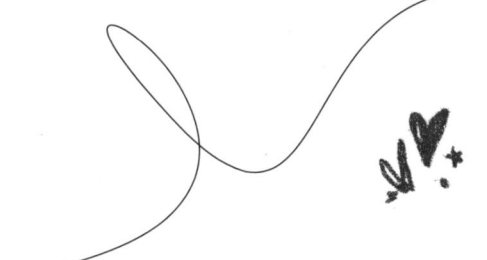

A luz que é dar à luz

Na primavera, a luz do dia se faz mais forte devido à proximidade do sol, o que favorece a fertilidade feminina. Isso é mais uma prova de que estamos ligados aos ciclos da natureza de maneira mais intensa e comprovadamente perceptível. É a Mãe Terra nos lembrando de que somos parte de sua geração viva, cada um de nós pulsando em sua própria órbita de caminhada evolutiva. *Fazemos parte de uma teia viva interligada pela dimensão de nosso planeta*, recebendo de nossa Grande Mãe o necessário para o desenvolvimento saudável de nossa espécie.

A gestação é uma experiência muito profunda para uma mulher. As mudanças começam internamente, de maneira sutil, e aos poucos vai se exteriorizando e se manifestando mais intensamente a cada dia. Nos primeiros meses, o novo ser é uma extensão de nós, mas, à medida que cresce, começa a se mover, tornando-se mais palpável e visível. Sentimos o novo ser se diferenciando de nós. Quanto mais se desenvolve, mais cresce um sentimento potente e inexplicável, junto com uma curiosidade grande: como será? *O que será? Quem será?*

O ser que ainda nos habita já demonstra independência, porque já tem vontades próprias, caprichos e impulsos. A primeira vez que o veremos será num exame de ultrassonografia, e ele ainda nos será uma incógnita. Saber que está saudável é uma grande alegria, mas ainda não conseguimos concretizar sua total presença fora de nós. Afinal, *ainda está lá, naquele espaço interno que se torna cada vez mais apertado para quem já existe e pulsa sua existência.*

Nossa comunicação, silenciosa, é feita por meio de líquidos e alimentos, pulsações e pequenos movimentos, *desejos que se manifestam em vontades,* emoções que explodem e desaparecem com a mesma facilidade. É o nosso corpo se comunicando conosco e com o novo ser que nos habita.

Até o dia em que se concretiza sua chegada para este mundo, do lado de fora. *A jornada já começa com dor, talvez para nos lembrar de que a vida não é fácil. Nela, o sofrimento faz parte, mas também é passageiro,* porque a alegria que sentimos é tão intensa que fica muito difícil explicar em palavras. Só quem já sentiu pode entender a dimensão desse momento.

Fez-se a luz! Um novo ser acorda para a vida. O primeiro encontro é muito emocionante, um marco em nossa vida, o momento mais intenso, em que a dor e o amor se misturam e explodem em alegria e júbilo, em agradecimento pelo mistério da criação. Somos confrontadas com a magnitude da vida que passou por e entre nós para se apresentar diante do mundo, uma luz cósmica que se densificou em corpo e espírito e vai começar sua jornada própria na direção da sua evolução. *Já não nos pertence mais; agora é do mundo e de si mesmo.*

Começamos, então, nossa jornada pela maternidade, pelos cuidados iniciais, por dúvidas e receios de todos os pais de primeira viagem ao descobrir como cuidar de uma criança da melhor maneira. Tive a sorte de ter minha avó bem perto de mim nesse momento. Esta era uma característica maravilhosa dela: acompanhava de perto os primeiros dias de um nascimento, mudando-se para a casa dos pais calouros para ajudar nesse início. Ensinava a dar banho e a segurar depois da mamada para arrotar; revezava em noites maldormidas. Com seu amor e afeto, ajudava a atravessar os primeiros dias, que são encantadores, mas nada fáceis.

Aos poucos, a criança vai crescendo e ganhando domínio pelo espaço. Dá seus primeiros passos, descobre os sabores das comidas, sorri com cada novidade e se abre para aprender tudo. *Aprende a reconhecer as pessoas, as coisas e a si mesma; aprende a aprender.* Sabia que a capacidade de aprendizagem de uma criança vai se formando até ela completar 6 anos? Por isso, é tão importante uma boa iniciação à aprendizagem, pois vai acompanhá-la por toda a vida.

Inicia-se a escola, uma experiência marcante que forma e transforma aprendizado em conhecimento. O ambiente escolar ensina a criança a pensar, escolher, se posicionar diante dos outros colegas, interagir, se socializar – e isso é fundamental na formação de um indivíduo. *A educação começa em casa e se aprimora na escola.* A tarefa de educar é responsabilidade dos pais e não da escola, mas a escola ajuda – na medida em que acompanha essa educação – e complementa na prática o que foi ensinado em teoria pelos pais, além de permitir a vivência em comunidade. Hoje em dia, os pais delegam às escolas essa responsabilidade, mas isso não é correto. Não é tarefa da escola ensinar valores, ética, dignidade, respeito, educação e aceitação do diferente. A instituição checará se esses ensinamentos foram absorvidos ou não pelo aluno, colocando-os em prática no convívio entre os diferentes. É uma parceria que traz muito crescimento para ambos os lados.

A vida segue, e a criança cresce e demonstra novos interesses, curiosidades, necessidades. Temos que estar sempre nos reinventando para acompanhar as novas gerações. Acompanhar o surgimento do computador, da linguagem virtual, do celular, das novas mídias sociais, da interação com o *streaming*, do 5G, dos jogos eletrônicos, da inteligência artificial. Ainda não me acostumei direito a tudo isso.

Meu filho foi crescendo e ganhando cada vez mais independência e autonomia até o dia em que se formou, tornou-se adulto e saiu de minha casa. Bateu asas e voou. *Não foi fácil. Dói novamente, como um novo parto, só que agora para uma nova vida. Sofri, chorei, tive a síndrome do ninho vazio. Reformei o quarto dele, cuidei de meus cachorros, escrevi uma peça, li muitos livros, fiz muitas novelas, atuei, continuei com meus sonhos... e a vida seguiu em frente.* Ele se casou, virou pai e eu me tornei avó. Ah, que alegria sentir mais uma vez a emoção de ter uma criança por perto, lembrando-nos de como é lindo viver e descobrir a felicidade nas mínimas coisas, nas pessoas que amamos, nos bichinhos que criamos (e também são nossos filhos), nos amigos que chegam, nas famílias do coração – formadas pelos laços de afeto e cuidado mútuo –, nas amizades que valem por tudo e que nos ajudam quando o tempo vai deixando tudo mais claro, quando aprendemos a aceitar sua presença como um novo desafio.

O tempo agora é meu amigo. Ele me ensina a ver a vida com mais compreensão e resiliência, com mais paciência e sabedoria. A luz sempre esteve presente em minha vida, foi minha bússola, meu farol, minha grande referência. Onde há luz, há amor – e o amor dissolve todas as sombras. É por meio da luz e do amor que encontro o maior sentido de minha existência. E quando chega a primavera e a luz está mais próxima da Terra, as gerações ficam mais pródigas, mais férteis e o milagre da vida se torna mais possível e real.

**Nascemos quando
nos dão à luz, e vivemos
eternamente
guiados por ela.**

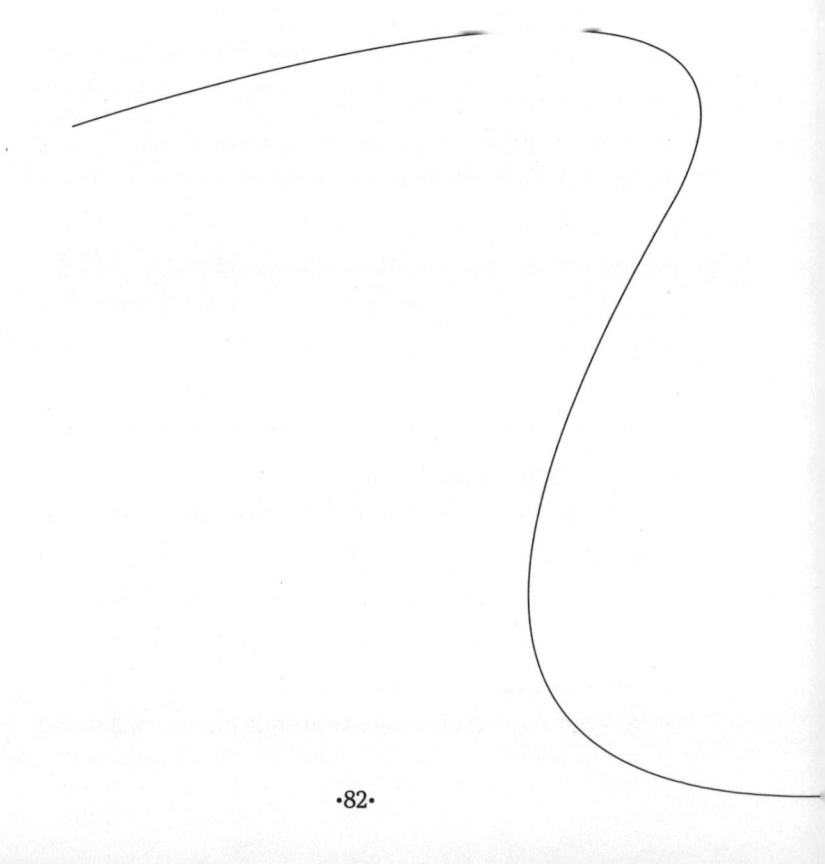

O coração é a porta de entrada para nossa alma.
É por intermédio dele que nos conectamos com os sentimentos, e os sentimentos são a manifestação do que somos. É por eles que nos reconhecemos e nos transformamos.

O ganho de cada perda

Em cada perda que vivemos há um ganho que precisamos descobrir. Por mais doloroso que seja perder, vivemos também um aprendizado que nos fortalece. Por trás de toda perda, há uma descoberta que só se revela por meio dessa experiência.

Então, que saibamos passar por elas extraindo o bem, a força, a coragem e o legado que recebemos da pessoa que amávamos e que nos deixou.

Aprendemos em cada momento da vida. Como nos ensina Cora Coralina, ao longo de sua obra poética, que possamos valorizar mais a suavidade, a sutileza, o afeto e a gentileza para lembrar que o beijo é mais importante que o grito, a flor é mais agradável de receber do que a pedra, o amor é mais transformador que a indiferença.

ETERNAMENTE
É – TER – NA – MENTE

Espelho de almas

Narciso se perde ao contemplar no lago a imagem de si mesmo, fica tão enamorado de sua aparência, perde a razão e se lança na água. Que poder é esse que cega e engana? Que força é essa, que pode destruir a fortaleza de valores conquistados ao longo de toda uma vida, fazendo-o ver, mas não enxergar? Os psicanalistas chamam essa força de EGO, aquela parte de nós que existe como proteção, mas que se sente a todo-poderosa do SER. *Ele, o ego, não é, mas finge ser. Aí está todo o problema.*

Quando enxergamos a vida pelos olhos do ego, tudo se torna uma ameaça. Buscamos respostas rápidas, medimos resultados, cobramos de nós mesmos e dos outros – ou da vida – aquilo que nos é devido, merecido. A culpa de tudo é dos outros, nunca de nós mesmos. Somos vítimas das circunstâncias ou de alguém que não gosta de nós. *O ego é uma eterna criança, reclamando atenção e carinho, está sempre carente buscando saciar seus desejos e vontades. Aqueles que vivem conduzidos pelo ego muitas vezes repetem o modelo de Narciso, o símbolo da vaidade, e se atiram no rio de si mesmos.*

Dizem que o ego é nosso maior inimigo. A nossa maior batalha será contra esse poder interior, que nos cega e nos faz perder o senso da realidade, em vez de nos ajudar a notar nossas falhas e corrigi-las. O fascínio pela autoimagem é muito antigo. A primeira versão do mito do Narciso é contada pelo poeta romano Ovídio e data de 43 a.C. em sua obra Metamorfoses.

Pensemos na imagem do espelho: como aquele objeto, que reflete a realidade material, transforma-se em um símbolo da verdade e pureza? Isso acontece porque o espelho deveria traduzir o verdadeiro conteúdo dos corações humanos e sua consciência –, mas o que ele nos revela sobre nós? O que fazemos com tal revelação? Ele é um sinal de conhecimento e iluminação em algumas tradições. Transmite a sensação de um portal entre mundos, detentor de um poder oculto que guarda sabedoria em si mesmo. Não é à toa que, em muitas histórias infantis, o espelho serve de oráculo, e inclusive em uma delas a bruxa pergunta: Espelho, espelho meu...

Mas como esse símbolo de pureza pode ser a causa da vaidade, do orgulho, do egoísmo e da enganação de uma realidade para justificar uma atitude defensiva? Jacques Lacan, psiquiatra e psicanalista francês, em sua teoria dos espelhos,[1] afirmava que a reciprocidade das relações é que faz com que a gente se compreenda. Isto é, aprendemos, pelas nossas relações, sobre nós mesmos.

---

[1] O Estágio do Espelho na Psicanálise de Lacan. Associação Brasileira de Filosofia e Psicanálise. Disponível em: <https://www.abrafp.org/estagio-do-espelho-lacan>. Acesso em: 23 set. 2024.

Então, antes de criticar ou apontar os erros dos outros, precisamos notar se eles não existem em nós mesmos — e é provável que existam. Estamos todos em processo, em trabalho; ninguém está pronto. É fácil apontar o erro alheio, mas estamos todos em telhado de vidro. Como sociedade, temos muito que corrigir coletivamente.

O teatro, a teledramaturgia e o cinema são reconhecidos como grandes espelhos de nossa sociedade, ajudando-nos a enxergar e compreender melhor a nós mesmos. Por isso, muitas vezes, algumas obras servem de denúncia, refletindo problemas reais que precisam de nosso conhecimento para serem resolvidos ou percebidos. Não podemos ficar indiferentes diante do sofrimento humano. Ninguém pode considerar normal uma guerra na faixa de Gaza ou na Ucrânia, ou situações tão dramáticas como a fome na África, o desespero dos refugiados, e a violência cotidiana que sofrem mulheres e crianças, aqui no Brasil, bem ao nosso lado.

Somos impactados por todos esses horrores e dramas humanitários e não podemos achar normal e natural que isso esteja acontecendo. Não podemos nos anestesiar e nos perder como Narciso, no espelho-d'água, quando temos um espelho tão real e concreto nos chamando para a ação.

É preciso atravessar o espelho e superar o ego para abraçar a realidade.

Afinal, de que lado do espelho você está?

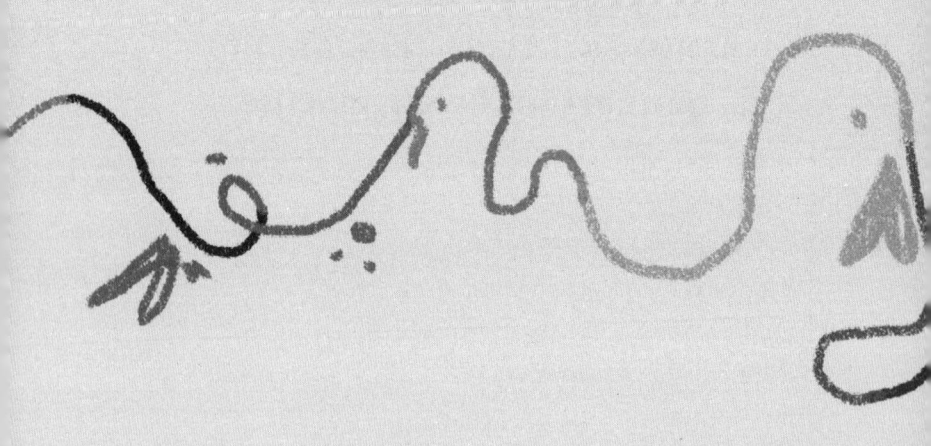

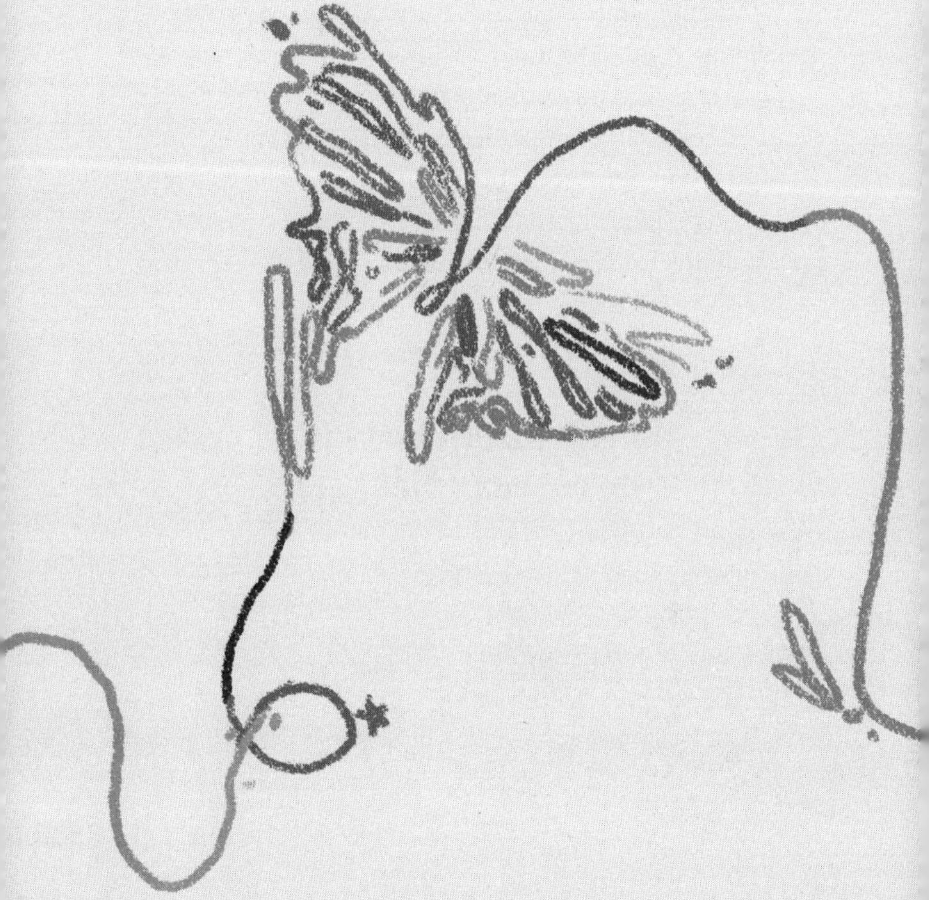

Construindo um novo futuro

Fiquei muito impactada por uma entrevista que li recentemente no jornal e que dizia: "O nosso presente coloniza o nosso futuro". Essa frase, de Fabio Scarano, nos faz refletir sobre como estamos aprisionados à visão limitada do presente, com base no que conhecemos e construímos, e como isso pode influenciar o que esperamos do futuro. Para alcançarmos um futuro diferente, temos que imaginar possibilidades que vão além da realidade à nossa volta.

A humanidade tem adotado uma maneira muito individualista, consumista, capitalista e exploratória de pensar. Essa mentalidade tem gerado uma série de problemas que enfrentamos atualmente, levando-nos a trilhar um caminho da destruição do mundo. Para mudar esse curso, precisamos sonhar outros futuros, libertar nossa imaginação e encontrar soluções criativas e viáveis para construir um novo pensar.

Nesse sentido, as crianças nos apontam experiências novas, como o conceito de escolas sem paredes, pois entendem que estruturas físicas limitam sua visão de mundo.

As novas gerações são capazes de expandir nossa mente e nosso olhar para a vida e para nós mesmos. Precisamos urgentemente de uma reconexão com o mundo real que nos cerca. Temos de fazer uma autoanálise e refletir sobre a atitude que estamos tendo em nosso dia a dia e o que cada um pensa do futuro.

Devemos explorar novas possibilidades e nos perguntar: por que o futuro não pode ser como imaginamos? O que é preciso para que ele aconteça? E, mais importante ainda, temos de ativar nossa esperança, como nos ensina Paulo Freire: conjugar o "verbo esperançar". Estamos no limiar da finitude. Os sonhos do século XX fracassaram, o mundo se vê mergulhado em extremos climáticos, com furacões, incêndios e enchentes, além de guerras e do ressurgimento de extremismos políticos e religiosos.

A inteligência artificial traz consigo tanto novidades como muitas desconfianças. Afinal, ela está destinada ao bem ou ao mal? O futuro, contudo, não precisa ser apenas motivo de temor; ele pode também ser fonte de soluções. Sem esperança não há perspectiva, e sem perspectiva não existe ação. Precisamos cultivar uma "esperança ativa", aquela que nos motiva a seguir em frente. Há dois tipos de medo: o ruim, que paralisa, e o bom, que nos impulsiona a ir além do que imaginávamos, impelidos pelo desejo de sobrevivência e de superação. Nesse contexto, o medo se transforma em amor.

Ailton Krenak reflete sobre "o futuro ancestral", que representa o futuro concebido pelos povos originários do Brasil. São sociedades que encontram caminhos para viver em harmonia com os lugares criados pelo ser humano, com cidades integradas à natureza e projetos de reflorestamento. Além disso, há o "futuro do futuro", que abrange visões de mundo diferentes dos objetivos atuais do desenvolvimento sustentável. Precisamos questionar a ideia de que a sustentabilidade é a única solução para nossos problemas. Na natureza, tudo o que é vivo lida com antecipação – por exemplo, as plantas, que se preparam para as chuvas e as estações. Além das ferramentas racionais de antecipação do futuro, temos a "intuição", nosso instinto de sobrevivência.

É preciso ter intuição para planejar um futuro. O ser humano se julga dono e controlador da natureza, separando-se dela. Não nos vemos nela, por isso perdemos boa parte de nossa intuição. Esquecemos a teia invisível que nos une.

Precisamos retomar essa conexão se quisermos enfrentar as muitas crises que ainda virão: humanitária, ambiental, econômica, sanitária e principalmente de valores. Se tudo é sustentável, nada de fato o é. A crise de valores é profunda e, às vezes, absoluta.

O valor precede a ética. É a ética que dá a base para a política. Precisamos mudar nós mesmos para mudar o mundo, mas o que precisamos mudar em nós para que possamos contribuir com essa mudança maior? A transformação coletiva começa no indivíduo, e o futuro do mundo aguarda nossa mudança real, urgente e necessária. *Nosso futuro espera por nós.*

Muitas pessoas não conseguem entender o conceito de estarmos ligados a TUDO e TODOS. Essa é a força da poesia: abre nosso entendimento e nossa percepção para o abstrato, o sensível, o mistério e o absoluto.
A poesia nos leva para a beleza da existência.

Rumi

Quando ainda era adolescente e minha alma ardia em questionamentos, e me deparava com questões filosóficas e existenciais muito profundas, conheci a poesia de Rumi. A obra dele se tornou um divisor de águas para meu coração, *que pulsava descompassado em busca de uma explicação concreta para o sofrimento e a dor de se viver um encontro amoroso que fosse mais do que atração física; que se tornasse um encontro de almas.* Assim, eu ansiava por esse amor, que seria para mim uma revelação.

Esse poeta e mestre sufi, nascido na província de Balkh, na Pérsia, no início do século XIII, tornou-se o mais importante autor da poesia mística persa. Para mim, ele representaria o poeta do amor transcendental, a quem lia e musicava desesperadamente na solidão de meu quarto. Maulana Rumi foi o fundador da Ordem Mevlevi, cujos membros são conhecidos como os "Dervixes Girantes".[1] Fiquei muito impactada com

---

[1] UCCHESI, M. (Org.). *A Flauta e a Lua: Poemas de Rûmî*. **Rio de Janeiro: Bazar do Tempo, 2019.**

sua poesia, pela beleza e profundidade de seus ensinamentos, e mais impressionada ainda quando conheci a história por trás desses poemas.

O livro Poemas místicos, de Jalal ud-Din Rumi,[2] é uma seleção de 79 poemas tirados de uma obra monumental de mais de 5 mil poemas que remetem ao encontro de Rumi com seu grande amigo e outro grande mestre, Shams ud-Din de Tabriz. A beleza e a força desses poemas refletem a intensidade da experiência místico-amorosa compartilhada por esses dois grandes mestres. Ao ler essa obra, ficamos sabendo que, aos 37 anos, já tendo uma reputação consolidada como mestre, com centenas de discípulos e conhecido como o herdeiro espiritual de seu pai, exatamente na metade de sua vida, acontece o evento mais extraordinário e inspirador de uma tradição mística: Rumi encontraria Shams ud-Din de Tabriz.

Esse encontro foi narrado por um de seus discípulos e ocorreu da seguinte maneira: enquanto Rumi falava a seus discípulos e empilhava seus livros à borda de um tanque, Shams apareceu e perguntou o que constava naquelas páginas. Rumi respondeu: *Aqui só há palavras. Em que te podem interessar?* Shams ud-Din apanhou os livros e jogou-os dentro da água. Rumi esbravejou, furioso: *O que fizeste, dervixe? Alguns desses livros continham manuscritos importantes de meu pai, que não se encontram em nenhum lugar.* Então, para espanto de Rumi e dos discípulos, Shams enfiou a mão no fundo do tanque e retirou intactos, um a um, todos os livros.

[2] RUMI, J. ud-Din. *Poemas místicos*: Divan de Shams de Tabriz. São Paulo: Attar, 1996.

Maulana lhe perguntou: *Qual é o segredo?* Shams ud-Din respondeu: *Isso é o que se chama prazer ou desejo de Deus e êxtase ou estado espiritual. Tu não sabes o que é isso?*

Rumi sentiu um estremecimento em todo seu ser, abandonou a classe e saiu desesperado em busca do estranho. Levou Shams para sua casa e lá ficaram a sós, em santa comunhão, por quarenta dias.

Shams de Tabriz procurava um homem com quem pudesse compartilhar seus assuntos espirituais e que fosse capaz de suportar o impacto de sua personalidade dinâmica, que pudesse embeber-se de sua experiência; alguém que ele sacudisse, destruísse, construísse, regenerasse e elevasse.

Shams passou a viver na casa de Rumi, o qual, por sua vez, abandonou as aulas e conversas com seus discípulos e nada mais fez senão dialogar com Shams.

Foi a fusão de dois homens espiritualmente realizados, duas almas em idêntica condição de despertar. Na tradição sufi, esse encontro ficou conhecido como "o encontro de dois oceanos". Rumi deve ter aprendido com Shams a busca do êxtase místico através da dança. Nesse texto, ele nos explica como foi esse momento de sua vida:

Quando Shams chegou, senti acender em meu coração uma poderosa chama de amor por ele e ele deliberou comandar-me de um modo despótico e definitivo. Shams me dizia: "Deixa de uma vez por todas as palavras de teu pai". Obedeci à sua ordem e desde aquele momento nunca mais a li. Em seguida, ordenou-me: "Guarda silêncio e não te dirijas mais a ninguém". Cortei então todo contato com meus discípulos. Meus pensamentos eram o néctar de meus discípulos; eles sofreram por isso fome e sede. Surgiram então sentimentos negativos entre eles e uma praga caiu sobre meu mestre.

Shams não mais suportou o despeito e ressentimento gerado ao seu redor e decidiu partir. Rumi buscou por toda a parte e viajou à sua procura. No desespero de sua partida, começou a escrever seus primeiros poemas de amor. Quase um ano depois de sua partida, Shams retornou e a alegria de Rumi era intensa. Eles retomaram a comunicação profunda e exclusiva, porém logo os discípulos começaram a conspirar contra a vida de Shams, contando também com a ajuda de membros da família para afastá-lo definitivamente. Numa noite, Rumi e Shams conversavam a altas horas quando alguém bateu à porta e solicitou a presença de Shams. Este saiu, foi apunhalado e jogado dentro do poço situado nos fundos da casa, um poço que até hoje existe. Informado sobre o sucedido, Sultan Walad correu para retirar o corpo do fundo do poço e sepultou-o às pressas, ali perto, numa tumba feita de reboco, cobrindo-a depois com terra. Por muito tempo, Rumi não teve acesso ao que se passou naquela noite e escreveu estes versos na porta dos aposentos de Shams:

> Eu era neve,
> Teus raios me derreteram
> E a terra me tragou;
> Agora, névoa do espírito,
> Refaço o caminho ascendente
> De regresso ao sol.

Disseram-lhe que Shams havia partido mais uma vez para a Síria. Rumi voltou ao estado de lamento e de busca, viajou por dois anos até se curvar à fatalidade do seu desparecimento. Por fim, Rumi encontrou o Sol de Tabriz dentro de si mesmo e com ele viveu até sua morte. Shams vivia definitivamente no coração de Rumi.

Já que Rumi não podia mais amar o seu amado concretamente, o amaria em tudo o que existe, em sua essência, em cada gota de chuva, em cada raio de sol, na forma de versos. Rumi viu Deus encarnado nesse amor a Shams de Tabriz e, em sua poesia, nos fez enxergar a transcendência da forma na divindade do ser. Foi muito além do que as aparências nos mostram do amor, *ele foi no âmago do sentimento e atingiu o êxtase da existência.*

> Sou as partículas de pó à luz do sol,
> Sou o círculo solar.
> Ao pó digo: "não te movas",
> Ao sol: "segue a girando".
>
> Sou a névoa da manhã
> E a brisa da tarde.
> Sou o vento na copa das árvores
> E a onda contra o penhasco.
> Sou o mastro, o leme, o timoneiro e a quilha
> E o recife de coral em que naufragam as
>   embarcações.
> Sou a árvore em cujo galho tagarela o papagaio,
> Sou o silêncio e pensamento, e também
>   todas as vozes.

Sou o ar pleno que faz surgir a música da flauta,
A centelha da pedra, o brilho do metal.
Sou a vela acesa e a mariposa
Girando louca ao seu redor.
Sou a rosa e o rouxinol
Perdido em sua fragrância.

Sou todas as ordens de seres,
A galáxia girante,
A inteligência imutável,
O ímpeto e a deserção,
Sou o que é
E o que não é.

Tu, que conheces Jalal ud-Din.
Tu, o Um em tudo,
Diz quem sou.
Diz: eu sou
Tu.

Aprender é lembrar que se sabe ensinar; é lembrar ao outro que ele sabe tanto quanto você.

Alimentando a criança interior

Quando como jujuba, lembro muito de minha infância, dos momentos felizes, das brincadeiras, das risadas, dos amigos.

Assim funciona a nossa memória: basta uma simples lembrança para acionar tudo o que vivemos; por isso, é tão importante ter uma reserva de boas lembranças. Elas nos ajudam a enfrentar os momentos difíceis, trazendo à tona a alegria que vivemos naquele tempo.

Alimente sua criança dando seu amor e espaço para ela existir, aceitando suas demandas, sua liberdade e suas lembranças.

O
que
te
irrita
te
domina.

Aprendizado

Somos todos humanos, cometemos erros, mas todos têm o direito de se corrigir. Nunca aprisione alguém com o rótulo de "incorrigível".

Reconhecer o erro não é tirar a chance de se corrigir.

Acredite sempre na possibilidade da transformação e que esse alguém possa ter a chance de se corrigir.

Estamos todos em aprendizado.

O tempo escorre displicentemente e permanentemente, como a areia da ampulheta, unindo a experiência do vazio e do cheio. Assim, cada minuto de nossa vida nos preenche e nos transforma até nos desapegarmos de tudo e recomeçarmos a jornada.

A vida passa rapidamente trazendo consigo bagagens e histórias.

É também o tempo que nos traz sabedoria, conhecimentos e experiência de vida. Seria muito bom se esse saber fosse utilizado e valorizado como um bem, uma orientação, uma referência em excelência e maestria.

Valorize seu legado e não se esqueça do agora, que é o instante mágico da existência.

Casulo e borboleta

O amor guarda dentro de si toda a potencialidade humana, de onde nascem asas. Talvez todos nós estejamos, então, passando por uma metamorfose interior para que possamos desenvolver essas asas para voar. São as asas do sonho, da imaginação, da superação de si mesmo, da criatividade que nos auxilia a enfrentar os obstáculos do dia a dia, e das nossas potencialidades que se revelam aos poucos a cada vitória ou derrota. É a capacidade de projetar nossos sonhos para um futuro possível e nos comprometer, no presente, com essa possibilidade através de nossas ações.

Fernando Pessoa nos lembra que "*o homem é do tamanho de seu sonho*".[1] Que possamos, portanto, ampliar nossa capacidade de sonhar para que a humanidade possa se superar, se transformar, se reinventar, se modificar para um caminho mais amoroso, colaborativo, generoso, responsável, ecológico, participativo, pacífico e inclusivo. Para isso, precisamos da arte.

Clarice Lispector afirma que "*a arte é o vazio que a gente entendeu*". A magia que desenvolve nossas asas

---

[1] PESSOA, F. *Poesias ocultistas*. [s.l.] Editora Ground, 1995.

está nesse mistério do mundo, nesse lugar além de nós, que nos dá a chance de atingir níveis mais altos de compreensão, conexão e significado, níveis mais cósmicos em dimensões e possibilidades infinitas.

Guimarães Rosa, por sua vez, simplifica: "*o mais importante e bonito do mundo é isso: que as pessoas não estão sempre iguais, mas que elas vão sempre mudando*". Esse é o mistério que aprendemos com a borboleta, que está sempre mudando por dentro até desenvolver suas asas, sair do casulo, voar pelo infinito azul do céu e sucumbir em seu ciclo curto de vida, de duas a quatro semanas.

"O homem nasceu para aprender, aprender tanto quanto a vida lhe permita."

A cada tropeço do caminho, renovamos nossa fé, retiramos as pedras e construímos pontes para atingir o outro com nosso melhor, com o sabor do tempo de cada um. Aprender a voar por dentro é o caminho interior que desenvolve nossas asas, faz o infinito se tornar visível, o impossível ser realidade, o sonho se apresentar como projeção de nossos desejos.

No fim de tudo, Cora Coralina nos ensina: "*O que vale na vida não é o ponto de partida, e sim a caminhada...*".[2] Bom voo em sua direção!

---

[2] CORALINA, C. *Vintém de cobre*. [s.l.] Global Editora e Distribuidora Ltda, 2015.

Transformação é o que dá sentido ao movimento

Todos os dias, testemunhamos ao nascer do sol um alvorecer de luzes e cores que ao longo da manhã vão se diluindo e se tornando uma luz mais firme e constante. O caminhar da luz, conforme o tempo anda, ganha novos contornos, temperaturas, intensidades, matizes e sentidos. A manhã se firma gloriosa e fugaz ao mesmo tempo.

Ao chegar ao meio dia, o auge da intensidade se produz em ondas de calor e luminosidade. Chegamos num patamar, no pico da curva ascendente, o ponto mais alto do dia. A partir daí se inicia um declínio de potência, e vamos ganhando outras texturas e cores; sombras começam a aparecer, coloridos sutis se apresentam, podemos sentir uma nevoa que envolve essa luz como um filtro que vai esmaecendo as imagens de acordo com o movimento do sol ao chegar ao ocaso.

Ele começa a partir. É um espetáculo de luzes e cores que se movimentam gradualmente atingindo tons mais dramáticos, talvez pela despedida que se apresenta no horizonte. Do amarelo, surge o laranja, o lilás, o azul mais claro, azul-magenta, azul-escuro e faz-se noite em meu viver. Mas então ela aparece, surge como a estrela da noite e brilha intensamente seu reflexo de sol. É a Lua que comanda o espetáculo das noites, dividindo o palco universal com as estrelas que dançam ao seu redor. A Lua caminha para o alto, se sustenta por um tempo e depois também vai se deitar depois de cumprir sua jornada vital, a dança mística e misteriosa da encarnação do feminino que se prepara para deixar a cena e partir.

Depois da meia noite, o novo dia é inevitável e, além do mergulho na escuridão, já se pode sentir os eflúvios do brilho que novamente ressurge num novo alvorecer. Assim cada dia que passa é a revelação de um roteiro de nascimento, auge, declínio e morte, para novamente renascer e que se estende até o fim dos tempos nos lembrando que a transformação é o que dá sentido ao movimento da vida. Todos os dias o roteiro se repete, mas nunca é igual, cada momento é único e insubstituível como as moléculas de água dos rios. São milhões de moléculas dançando no movimento em direção ao mar e quando lá chegarem, continuarão a ser a si mesmas, moléculas únicas absorvidas pela imensidão do mar, agora elas serão elas mesmas e também serão o mar.

Nossa existência segue esse mesmo modelo, um caminho de acordo com o movimento de todas as coisas. Quando deixarmos de existir nesta forma, seguiremos sendo nós mesmos, entidades únicas e insubstituíveis e também seremos todo o universo.

O amor nos inspira em todos os momentos, principalmente no "agora", em que tudo se constrói.

É no agora que as atitudes se concretizam, que as vontades se manifestam,
que as mudanças se tornam reais.

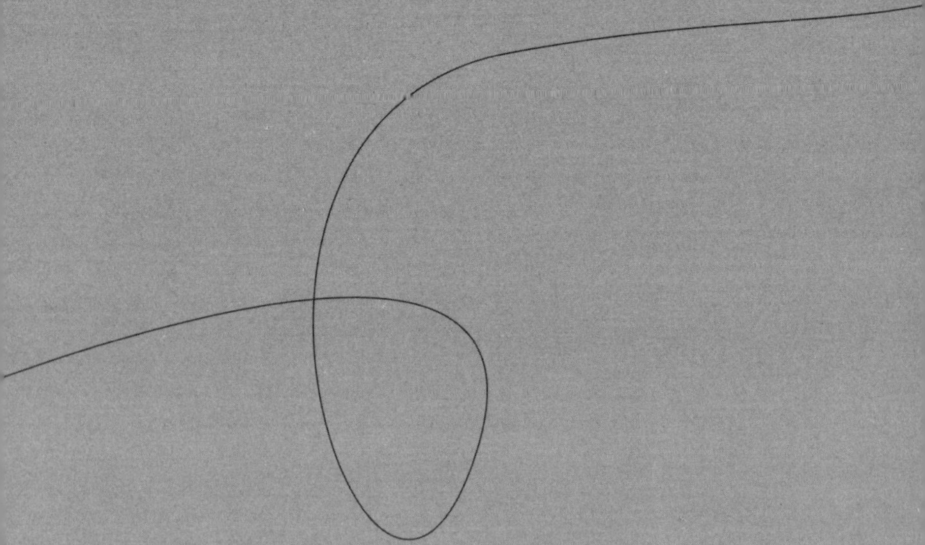

Os muitos eus de Fernando Pessoa

O primeiro grande autor que conheci em minha vida foi Fernando Pessoa, quando declamei um poema dele na apresentação de fim de ano de minha escola. Eu tinha 7 anos na época e fiquei impactada por sua poesia. Era um poema lindo, em que ele imaginava Jesus Cristo fugindo do céu ainda menino e se misturando à humanidade por meio de uma pessoa. Aquela pessoa, que seria a narradora da poesia e, consequentemente, passava a ser a voz do poema, era eu.

Um Jesus Cristo humano, habitante dos nossos sonhos, dividindo sua fé e seu mistério conosco. Quem era esse poeta que tinha tanta intimidade com o divino e, ao mesmo tempo, denunciava sua humanidade? Comecei a ler, mas só fui compreendê-lo melhor muitos anos depois. Convenhamos que 7 anos é muito pouco para entender tamanha transcendência, porém foi graças a esse poema que defini meu nome.

Um grande amigo de meus pais, também ator, jornalista e apresentador – Goulart de Andrade –, assistiu a essa minha apresentação da escola e ficou impressionado comigo, por declamar o mesmo poema que ele no espetáculo *Fernando Pessoa pede passagem*. Convidou-me, então, para falar o poema em seu programa *Opção*, e assim me apresentou: "Com vocês, pela primeira vez na televisão, a filha de Paulo Goulart – Beth Goulart!".

Foi a primeira vez que ouvi meu nome. Até aquele dia, vivia uma dúvida cruel. Como seria meu nome, Beth Bruno ou Beth Goulart? Fernando Pessoa e Goulart de Andrade me ajudaram a escolher: Beth Goulart foi o vencedor. Segundo a Wikipédia, Fernando Pessoa foi um poeta, filósofo, dramaturgo, ensaísta, tradutor, publicitário, astrólogo, inventor, empresário, correspondente comercial, crítico literário e comentarista político português. Fernando Pessoa é conhecido como o mais universal poeta português. Nasceu em Lisboa no dia 13 de junho de 1888. Considerado entre os 26 melhores escritores da civilização ocidental, sua obra fantástica foi escrita através de diversas personalidades artísticas, as quais ele chamava de "heterônimos": Ricardo Reis, Álvaro de Campos, Alberto Caeiro. Em cada um deles desenvolvia uma linguagem própria, segundo a personalidade de seu heterônimo.

Nesse sentido, era quase um ator vivendo profundamente seus personagens. Ou seriam vozes interiores que ele deixava existir em sua mente e obra poética? Acho que as duas opções. Eu me identifico com ele em vários aspectos: minha adolescência foi cheia de questionamentos profundos e suas vozes internas povoavam meu interior angustiado pela busca de minha individualidade.

Como atriz, também vivo outras personalidades em mim, e exercito dar espaço para outras vozes que não só a minha sem deixar de ser eu. No entanto, ele elevou essa experiência a um patamar mais profundo ao criar toda uma arqueologia pessoal para cada um deles. No livro *Fernando Pessoa: quando fui outro*, ele explica o surgimento de seus heterônimos do seguinte modo:

> "Desde criança tive a tendência para criar um mundo fictício, de me cercar de amigos, conhecidos que nunca existiram. (Não sei, bem entendido, se realmente não existiram ou se sou eu que não existo. Nestas coisas, como em todas, não devemos ser dogmáticos.) Desde que me conheço como sendo aquilo a que chamo eu, me lembro de precisar mentalmente, em figura, movimentos, caráter e história, várias figuras irreais que eram para mim tão visíveis e minhas como as coisas daquilo a que chamamos, porventura, abusivamente, a vida real. Esta tendência, que me vem desde que me lembro de ser um eu, tem-me acompanhado sempre, mudando um pouco o tipo de música com que me encanta, mas não alterando nunca a sua maneira de encantar."
> "Esta tendência para criar em torno de mim outro mundo, igual a este mas com outra gente, nunca me saiu da imaginação."[1]

---

[1] PESSOA, F. Carta a Adolfo Casais Monteiro. Casa Fernando Pessoa. Disponível em: <https://www.casafernandopessoa.pt/pt/fernando-pessoa/textos/heteronimia>. Acesso em: 23 set. 2024.

Um poeta do desassossego, que nos questiona sempre as suas dúvidas existenciais, que também são nossas, tentando responder à mais importante questão filosófica: *Quem sou eu?* Sua obra, em suas várias manifestações, falam sobre seus estados de alma, angústias, anseios, desejos e a solidão do pensamento, as observações da vida e dos relacionamentos humanos. Também sou apaixonada por astrologia, e sei que ele, sendo um astrólogo, utilizou seus conhecimentos cósmicos na dimensão mística de sua obra.

"Creio na existência de mundos superiores ao nosso e de habitantes desses mundos, em experiências de diversos graus de espiritualidade, sutilizando-se até se chegar a um Ente Supremo, que presumivelmente criou este mundo."

De quem é o olhar
Que espreita por meus olhos?
Quando penso que vejo,
Quem continua vendo
Enquanto estou pensando?
Por que caminhos seguem,
Não os meus tristes passos,
Mas a realidade
De eu ter passos comigo?

> Às vezes, na penumbra
> Do meu quarto, quando eu
> Para mim próprio mesmo
> Em alma mal existo,
> Toma um outro sentido
> Em mim o Universo –
> É uma nódoa esbatida
> De eu ser consciente sobre
> Minha ideia das coisas.

Assim também me sentia diante da vida, em constante questionamento. Acho que o pensamento filosófico nasce daí, da capacidade de propor questões. Com Fernando Pessoa, aprendi a não ter certezas e fazer de minhas impressões um caminho de conhecimento. Descobri que cada palavra pode ter vida própria, peso, gosto, forma específica e um tamanho no espaço. *Cada palavra é um existir em si mesma.* Contém um sentido e muitos significados.

> "A vida é breve, a alma é vasta."

> "Sou um doido que estranha a própria alma."

> "Não sou nada. Nunca serei nada. Não posso querer ser nada. À parte isso, tenho em mim todos os sonhos do mundo."

> "O mundo é para quem nasce para o conquistar."

> "O ser humano é do tamanho de seus sonhos."

"Continuamente sinto que fui outro, que senti outro, que pensei outro. Aquilo a que assisto é um espetáculo com outro cenário. E aquilo a que assisto sou eu."

"Meu Deus, meu Deus, a quem assisto? Quantos sou? Quem é eu? O que é este intervalo que há entre mim e mim?"

Aqui vemos o teatro do mundo sendo o espaço de liberdade para a criação de um "eu" que se modifica e se renova todos os dias, que aceita a diversidade de si mesmo e se autoriza a ser muitos sendo um só.

> Em outro mundo, onde a vontade é lei,
> Livremente escolhi esta vida
> Com que primeiro neste mundo entrei.
> Livre, a ela fiquei preso e eu a paguei
> Com o preço das vidas subsequentes
> De que ela é a causa, o deus; e esses entes,
> Por ser quem fui, serão o que serei.
> Por que pesa em meu corpo e minha mente
> Esta miséria de sofrer? Não foi
> Minha a culpa e a razão do que me dói.
> Não tenho hoje memória, neste sonho
> Que sou de mim, de quanto quis ser eu.
> Nada de nada surge do medonho
> Abismo de quem sou em Deus, do meu
> Ser interior a mim, a me dizer
> Quem sou, esse que fui quando no céu,

> Ou o que chamam de céu, pude querer.
> Sou entre mim e mim o intervalo –
> Eu, o que uso esta forma definida
> De onde para a ulterior resvalo.
> Em outro mundo [...]

    Quem nunca se questionou profundamente sobre a sua real existência neste mundo? Fernando Pessoa foi meu primeiro contato direto com o exercício filosófico de ser. Ele povoava o universo de meu quarto, abrindo portas de consciências em mim, me ensinando a questionar a mim mesma, na intenção de chegar ao substrato de quem somos. Ele me levou pelas mãos, gentilmente, por meio de sua poesia, e abriu minha cabeça povoada de sonhos para me conduzir à realidade da vida, em busca da verdade.

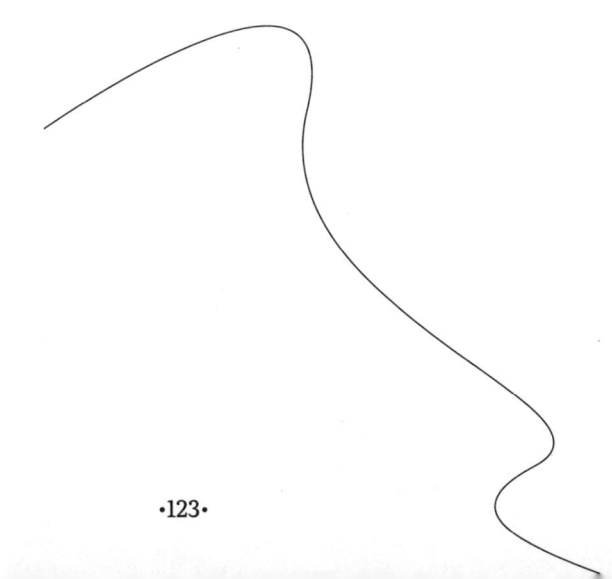

A liberdade não tem fronteiras. Ela começa na imaginação e se estende para a realidade.

As transformações que Clarice Lispector me ensinou a sentir

Ler Clarice Lispector é um aprendizado, porque suas palavras são tão potentes que nos levam para dentro de nós. É o mistério que queremos desvendar, um enigma que nos propõe perguntas existenciais, compreensões sutis do que é viver.

Sempre que tenho uma obra dela em mãos, encontro novos sentidos e possibilidades para aquelas frases longas que, com uma simples pausa, fazem pulsar o coração e nos levar para a descoberta do mundo.

Clarice Lispector nasceu em Chechelnyk, uma pequena cidade da Ucrânia, no dia 10 de dezembro de 1920, mas veio ao Brasil ainda criança de colo. Chegaram primeiro a Maceió; depois, foram para Recife ela, seu pai – Pedro –, sua mãe – Marieta – e suas duas irmãs – Elisa e Tania. Perdeu a mãe aos 9 anos, o que foi muito marcante para ela. Sua irmã Tania acabou por "adotá-la", digamos assim, como filha, mas Clarice ficou muito impactada por essa perda, enquanto crescia em Recife, onde iniciou seus estudos.

Clarice tem jeito único de falar, que muitos pensam ser sotaque estrangeiro, mas, na realidade, é um sotaque de Recife com o detalhe da língua presa, que lhe confere certo charme. Clarice e sua família se mudaram para o Rio de Janeiro em 1935, quando ela se formou em Direito e começou a trabalhar como jornalista.

Na faculdade, conheceu Maury Gurgel Valente, com quem se casou em 1943 e teve dois filhos, Pedro e Paulo. Maury se tornou diplomata, o que os fez morar em vários lugares do Brasil e do mundo. Durante esse processo, Clarice trabalhou como voluntária em Nápoles, em virtude da Segunda Grande Guerra Mundial.

Além de Nápoles, moraram em Belém, Berna, Washington e Torquay. Clarice se separou de Maury e voltou ao Brasil em 1959, com seus dois filhos, quando iniciou uma jornada solitária e independente para criá-los e desenvolver sua carreira literária. Seu trabalho como jornalista acabou sendo sua única fonte de renda, já que seus livros só renderam prêmios e reconhecimento, mas não lhe deram rendimentos financeiros.

Clarice era uma mulher à frente de seu tempo. Lançou muitos livros em vida, entre eles: *Perto do coração selvagem*; *A maçã no escuro*; *O lustre*; *A cidade sitiada*; *Laços de família*; *Felicidade clandestina*; *Água viva*; *A paixão segundo G.H.*; *A hora da estrela*. E o livro póstumo, *Um sopro de vida*. Clarice Lispector se despediu da vida em 9 de dezembro de 1977, em decorrência de um câncer de ovário.

Uma vida intensa, com o brilho de uma estrela de primeira grandeza. Um talento que a tornou imortal. Clarice vive em seus personagens e em cada um de nós que a amamos através de sua obra.

A primeira obra de Clarice que li foi *Perto do coração selvagem*, também seu primeiro livro. E lá conheci Joana, a adolescente em busca de uma resposta para tudo, uma alma inquieta que se identifica com as estrelas e diz que a liberdade é pouco – *o que deseja ainda não tem nome*. A identificação foi imediata. Como ela podia me conhecer tão bem? Só ela me entendia. Assim, estava selada para sempre nossa cumplicidade, talvez pela inquietação criativa, uma curiosidade sobre tudo, um desejo de ultrapassar os próprios limites, encontrar a própria linguagem e tocar a plenitude do amor em sua essência mais pura.

Dividimos a nossa solidão e ela passou a ser uma referência de excelência para mim. Clarice Lispector é uma das grandes escritoras da língua portuguesa e seu talento é único e insubstituível. Clarice também minha amiga.

Em *Perto do coração Selvagem*, Joana dizia:

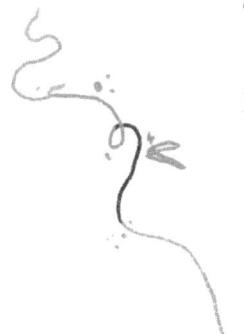

> "O próprio pensamento adquiria uma qualidade de eternidade. Eternidade não era a quantidade infinitamente grande que se desgastava, mas eternidade era a sucessão.

Então, Joana compreendia que na sucessão encontrava-se o máximo de beleza, que o movimento explicava a forma. As descobertas vinham confusas. Mas daí também nascia certa graça."[1]

Uma escrita que se revelava em cada frase, revelando muito da própria Clarice em seus personagens.

Aprendi com ela a respeitar o silêncio, o vazio e o tempo de cada coisa, o tempo de preparar a terra e plantar as sementes, inundando o pensamento de novas ideias; de regar e aguardar o germinar uma ideia que vai criando corpo e forma para aos poucos descobrir o que se queria dizer.

Clarice dizia: "Ah, *eu nunca sei de antemão o que vou escrever. Tem escritores que só se põe a escrever quando têm o livro todo na cabeça. Eu não, eu vou me seguindo, e não sei aonde vai dar, depois é que vou descobrindo o que eu queria. Se ficar consciente do que penso, passo a não poder mais pensar, quando eu digo "pensar" quero dizer "sonhar" palavras, meu pensamento tem que ser um sentir"*.[2]

Clarice me ajudou a confiar na minha intuição e seguir um fluxo criativo que vai se fortalecendo à medida em que se revela. Ela me ajudou a "sentir" antes de "pensar", invertendo assim o fluxo do pensamento.

---

[1] LISPECTOR, C.; GOTLIB, N. B. *Perto do coração selvagem*. Rio de Janeiro: Rocco, 2020.

[2] LISPECTOR, C. Entrevista concedida a Affonso Romano de Sant'Anna, Marina Colasanti e João Salgueiro. In: SANT'ANNA; COLASANTI. Com Clarice, p. 239.

Agora escuto primeiro meu coração; depois, minha mente elabora o meu sentir. A transcendência de sua obra é um convite para que vivamos o "momento já" com intensidade, quando, por um flash, somos iluminados por uma compreensão que abarca todo o nosso momento presente, um despertar da consciência. Ao ler Clarice, ficamos como seus personagens que estão sempre à beira de uma revelação, de uma "epifania" que pode transformar completamente nossa existência.

O estado de graça é a compreensão e a calma que vem deste saber, é *"a lucidez de quem não adivinha mais, sem esforço sabe, apenas isso, sabe"*.[3]

Nada mais é o mesmo depois desta experiência. A alma acorda para uma nova dimensão.

---

[3] LISPECTOR, C. *Descoberta do coração*. Rio De Janeiro: Rocco, 1999.

O reflexo do céu,
o reflexo do outro,
o reflexo dos desejos.

Quem somos nós:
a fonte ou o reflexo
dos sentidos?

A imagem nos leva
ao exercício filosófico
da indagação.

Mantenha seus olhos
no céu sem perder
os pés no chão.

V

O sertão é em toda a parte

João Guimarães Rosa (1908-1967) era mineiro de Cordisburgo, e conhecia como ninguém a força da terra e do sertão, do jeito mineiro de ser, com a introspecção e sabedoria interna de um homem simples.

Foi médico, diplomata e fundamentalmente escritor. Um grande escritor!

Conseguiu, por meio de sua linguagem, reproduzir de maneira brilhante e registrar suas impressões sobre o mundo profundo e inquietante de suas raízes mineiras.

Ele inventou uma nova língua, e conseguiu, por intermédio de novas expressões e novas palavras, encantadores neologismos, reproduzir um reflexo fiel do meio com o qual se identificava tão profundamente.

Em Guimarães Rosa, o sertão é intuído, e não analisado; reproduzido, e não descrito. Ele não pretende explicá-lo, mas recriá-lo.

Para ele, *"O sertão está em toda parte... O sertão é do tamanho do mundo"*.

Tudo o que escreve tem a humanidade como tema principal. Com a qualidade de seu talento, sua obra se encontra no plano sutil da arte, adquirindo a dimensão universal pelo seu vigor e beleza.

Em *Grande Sertão: veredas*,[1] sua obra mais impactante, fala da condição humana no que ela tem de fundamental: o amor, a morte, o sofrimento, o ódio e a alegria.

Um pouco de sua sabedoria e arte:

**"É preciso sofrer depois
de ter sofrido, e amar,
e mais amar,
depois de ter amado."**

**Deus nos dá pessoas e coisas,
para aprendermos a alegria...
Depois, retoma coisas e pessoas
para ver se já somos capazes
da alegria sozinhos...
Essa... a alegria que ele quer.**

**O correr da vida embrulha tudo.
A vida é assim: esquenta e esfria,
aperta e daí afrouxa,
sossega e depois desinquieta.
O que ela quer da gente é coragem.**

---

[1] ROSA, G. *Grande sertão: veredas*. São Paulo: Companhia das Letras, 2019.

> "Eu quase que nada não sei.
> Mas desconfio de muita coisa."

> "Felicidade se acha é
> em horinhas de descuido."

> "O mais importante e bonito
> do mundo é isso: que as pessoas
> não estão sempre iguais, mas
> que elas vão sempre mudando."

> "O mundo é mágico."

Mágico era seu olhar para o mundo, pois conseguia extrair poesia do silêncio e do simples bater de asas de um pássaro.

Foi eleito imortal pela Academia Brasileira de Letras, mas teve um ataque cardíaco três dias depois e partiu, deixando para nós sua obra e sua poesia ao dizer que *"amar é abraçar o pássaro em pleno voo"*.

Ele nos ensina que

> "As pessoas não morrem,
> ficam encantadas".

Sempre tive um
coração de criança e
olhei a vida com esperança
e certa ingenuidade,
esperando o melhor das
pessoas. Nem sempre foi o
que encontrei, mas nunca
perdi a alegria,
a liberdade de ser
quem sou e a fé
com que guardei
o mundo em mim.

A felicidade é o doce da vida

Leio e admiro Cora Coralina, a poeta doceira de Goiás, que só pôde editar seu primeiro livro aos 76 anos de idade. Observo como ela consegue extrair suas poesias de seus doces e dos pequenos detalhes da vida.

Levou uma vida de trabalho e ásperas dificuldades depois que ficou viúva. Foi dona de pensão e, com seus doces, proporcionou estudo e uma formação digna a seus quatro filhos.

Seu olhar para o mundo era cheio de compaixão pelos necessitados, esquecidos e rejeitados. Exaltava a importância dos humildes, como o coletor de lixo, ou a mulher da vida; compadecia-se do menor abandonado, do pequeno delinquente, do presidiário.

Cantou muitas Marias, todas elas brasileiras, saídas da terra e da cultura de nossa gente.[1]

---

[1] FRAZÃO, D. Cora Coralina: poetisa brasileira. *Ebiografia*, 13 jul. 2021. Disponível em: <https://www.ebiografia.com/cora_coralina/>. Acesso em: 10 jun. 2024.

"Vive dentro de mim/
uma cabocla velha/
de mau-olhado,/
acocorada ao pé do borralho,
olhando pra o fogo.

Vive dentro de mim/
a lavadeira do Rio Vermelho.
Seu cheiro gostoso d'água e sabão.
Vive dentro de mim/
a mulher cozinheira.
Pimenta e cebola. Quitute bem-feito.
Vive dentro de mim/
a mulher proletária.
Bem linguaruda,/
desabusada, sem preconceitos.
Vive dentro de mim/
a mulher da vida/ minha irmãzinha.../
tão desprezada,/ tão murmurada..."

Todas as vidas. E Cora Coralina as celebra com o sentimento de quem abençoa a vida!

Lendo Cora Coralina, agradeço a força da poesia, do entendimento emoldurado pela beleza dos sentidos, a sonoridade do silêncio que acompanha o raciocínio.

Com simplicidade, dizia aquilo que há de mais profundo e nos ensina que *a felicidade é o doce da vida*.

É preciso mexer o tacho da vida para extrair o doce das frutas, para transformar os sabores do nosso caminho com o ardor das nossas paixões, queimando os erros e saboreando as virtudes.

A paz e o silêncio do tempo é que dão o ponto certo da liga.

> "Não te deixes destruir...
> Ajuntando novas pedras
> E construindo novos poemas.
>
> Recria tua vida, sempre, sempre.
> Remove pedras e planta roseiras e faz doces.
> Recomeça.
>
> Faz de tua vida mesquinha
> Um poema.
> E viverás no coração dos jovens
> E na memória das gerações que hão de vir."[2]

Cora Coralina é um belo exemplo de transformação que faz do tempo seu aliado, da dureza da vida um formão para esculpir sua alma e mostrar a beleza de todos os ângulos que alcança nosso olhar. Como ela, temos que extrair o sumo da vida e deixar um rastro de sabedoria para os que virão, quando não estivermos mais aqui.

O amor não cobra, simplesmente é.

---

[2] Aninha e suas pedras (Cora Carolina). Enunciar Cotidianos. Disponível em: <https://www.ufrgs.br/enunciarcotidianos/2017/05/20/aninha-e-suas-pedras-cora-carolina/>. Acesso em: 23 set. 2024.

A amizade é um amor muito especial, é uma afinidade de alma, é uma cumplicidade de propósitos, uma parceria fiel na trajetória da vida.

Amigo não é aquele que segura sua mão, e sim aquele que não larga, não solta sua mão nas situações mais difíceis.

Ame muito seus amigos, eles são a base para construir o edifício de sua vida.

Café

Aproveite cada momento do seu dia para entrar em conexão com sua fé, cada momento conta para uma conexão, com você mesmo e com o que acredita. *Quando acionamos o poder da fé, damos passagem para o potencial de nossa alma de fazer milagres.* E os milagres estão ao nosso alcance, nas menores coisas do dia, nas tarefas diárias, nas relações à nossa volta, nas pequenas coisas que nos fazem observar a presença do divino em tudo e em todos.

A essência vital que nos habita também está no ar que respiramos, na terra que germina sob nossos pés e brota seus frutos para nos alimentar, na água que tudo renova e limpa, no fogo que transmuta e transforma ingredientes numa saborosa comida que aquece o coração – que, por sua vez, fica cheio de lembranças gostosas quando comemos um prato feito com amor.

Podemos transformar nossa vida transformando o momento presente.

Esteja inteiramente no agora, sentindo cada instante como um momento único e mágico para você.

Eu gosto muito de passar um cafezinho, por exemplo, e de rezar enquanto faço isso. Numa tarefa simples, exercito toda minha atenção no que estou fazendo e isso se torna quase uma meditação. Coando e rezando. Observando e agradecendo.

Aqui vai minha receita especial.

Deixe a água ferver e coloque o café no coador de pano ou papel – o que for melhor para você. Para uma panela de água, em torno de três colheres cheias de café. Antes de coar, gosto de colocar água fervendo no recipiente em que o café vai ser coado, para aquecer e preparar bem para receber a iguaria – *como aquecemos nosso coração para receber Deus em oração.*

Vá despejando a água fervente muito lentamente, em pequenos fios, no centro no qual está depositado o pó. Esse é o truque do bom café: colocar a água aos poucos, em um fluxo constante e contínuo. É também o caminho da espiritualidade: a passos gentis, rumo ao divino. *Enquanto a mistura vai passando pelo coador, eu vou orando; enquanto o café vai ficando pronto, eu vou agradecendo a Deus por tudo, pensando em coisas boas, afirmando o bem em minha vida.*

Você sabe que o café fica uma delícia porque a energia positiva fica impregnada em todas as coisas.

O ingrediente mais importante é o amor com que você faz cada coisa acontecer. **Para o café, fé.**

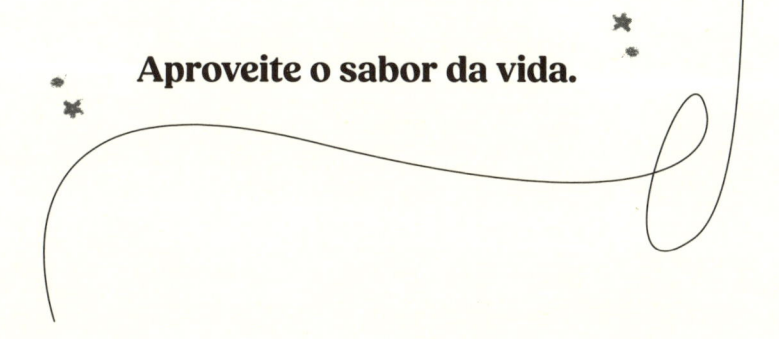

Aproveite o sabor da vida.

"Preocupe-se apenas com aquilo que você pode controlar",[1] dizia Epicteto, o filósofo. Muitas vezes, achamos que temos o poder sobre os acontecimentos, mas isso não é verdade. A única coisa que podemos controlar é o nosso juízo sobre eles, e nosso juízo rege as nossas ações. Faz toda a diferença.

---

[1] EPICTETO. A Arte de Viver: O Manual Clássico da Virtude, Felicidade e Sabedoria. Uma nova interpretação de Sharon Lebell. Rio de Janeiro: Sextante, 2007.

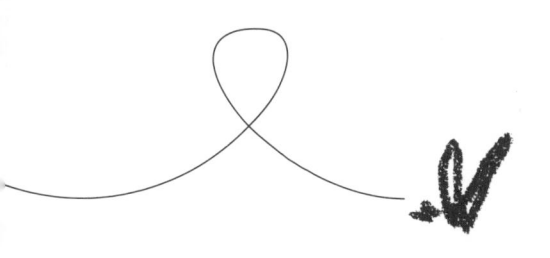

Eu sou o que eu sou

De todos os movimentos de transformação pelos quais passamos na vida, o mais importante *é o despertar de nossa consciência*, e ele pode vir a qualquer momento, mesmo os mais simples em que sentimos "a presença" em nós: olhando uma planta que nasce, o voo de um pássaro, as ondas no mar, o horizonte à nossa frente; quando saímos da ilusão egoica das formas e nos conectamos com a consciência pura e iluminada da essência divina, a consciência cósmica.

Para isso, precisamos nos desapegar da mente, dos pensamentos, das ideias que impõem sua condição, sua forma, e perceber o silêncio que está "entre" cada palavra. *Mais do que as palavras, o silêncio pode nos ensinar a verdadeira dimensão da existência.* Pode nos ensinar coisas preciosas, nos levar a estados elevados e sensações sutis de uma frequência alta de energia que nos alimenta e oferta o que precisamos para viver o aqui e agora.

"Quando o discípulo está pronto, o mestre aparece", diz um ditado budista. É uma grande verdade, mas os mestres que recebemos na vida não são personificados em um professor nos dizendo o que devemos ou não fazer. São as provas da vida, *os obstáculos que temos que transpor*, as dificuldades que temos muitas vezes de suportar. São as injustiças que sofremos, os momentos difíceis que temos que contornar sem perder de vista nossa serenidade, empatia, bom humor e resiliência.

Cada vez que superamos um momento desafiador como esse, estamos aprendendo uma lição do mestre maior, e, se soubermos extrair uma boa lição desses momentos, recebemos como prêmio a paz de espírito. Descobrimos que estamos acima e além de nossos problemas; não nos identificamos mais com eles. *Eles são passageiros – e nós, eternos.*

Nós somos a presença divina em nós. "EU SOU O QUE EU SOU." Não existe mais o tempo, só a presença: *eu sou a vida eterna, eu estou aqui, eu sou o agora.*

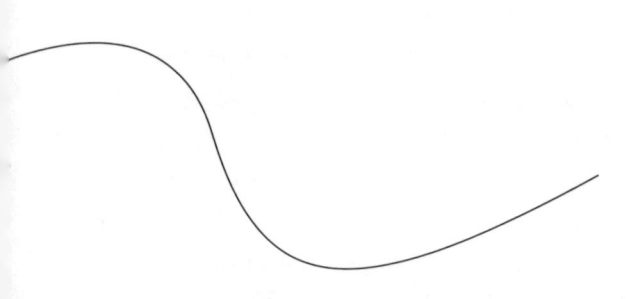

O ovo

O ovo é um símbolo muito forte que nos remete ao enigma fundamental da existência e àquela pergunta clássica: o que nasceu primeiro, o ovo ou a galinha?

Esse questionamento me faz pensar numa analogia com Deus. Quem surgiu e criou primeiro? *Deus criou o ser à Sua imagem e semelhança ou foi o homem que criou Deus à sua imagem e semelhança?* Chegamos a um impasse, um enigma que nos coloca no limite do desconhecido. Sabemos que algo existe e detém essa resposta, mas será que temos condições de compreender seu conteúdo?

A ciência busca, e está cada vez mais confirmando em suas pesquisas, conhecimentos muito antigos que "Os Vedas" (a grande sabedoria indiana) nos contaram há muito tempo, através de uma linguagem lúdica e mítica sobre o fenômeno da vida. Como surgiu a vida? Sabemos que o Cosmos contém em sua gênese mistérios guardados em suas partículas, que no átomo há informações genéticas preciosas e nossa memória estelar está presente em nossas células. Daí essa conexão profunda com tudo o que existe. Mesmo que nossa ciência não tenha conhecimento concreto e comprovado de tudo isso, a nossa consciência guarda esse saber escondido em nós, dentro de nós.

Segundo o *Livro dos Símbolos*, o ovo evoca o início, o simples, a origem. O ovo é o centro misterioso à volta do qual as energias inconscientes se movem em desenvolvimentos com a forma de espiral, trazendo à luz, gradualmente, a substância vital. A alquimia representava o embrião do ovo contido na gema como "o ponto solar", a partícula invisível e infinitamente pequena a partir da qual todo ser se origina. É também o "ponto de ignição" dentro de nós, a "alma no meio do coração", a quinta-essência ou o embrião dourado que é posto em movimento pelo calor da galinha, da nossa dedicada atenção. (Aristófanes)

Assim, mesmo que a criação tenha um princípio orgânico, químico, mecânico e físico, ela não se desenvolve sem amor, afeto, dedicação e calor das emoções. Sem amor, a criação não vinga, porque ela é a matriz de todo processo criativo. É desse sentimento que vem a fagulha da geração dos seres, dos impulsos principais e das ideias que prosperam quando ele se faz presente. *O amor é a presença divina no ser humano, é a parcela Deus que todo ser vivente possui!*

Segundo Clarice Lispector, "o ovo é o sonho inatingível da galinha. A galinha ama o ovo. Ela não sabe que existe o ovo. Se soubesse que tem em si mesma o ovo, perderia o estado de galinha."

Talvez nós,
humanos, se
soubéssemos que
temos Deus em nós,
perderíamos
o estado de humanos
e nos transformaríamos
no Deus que somos.

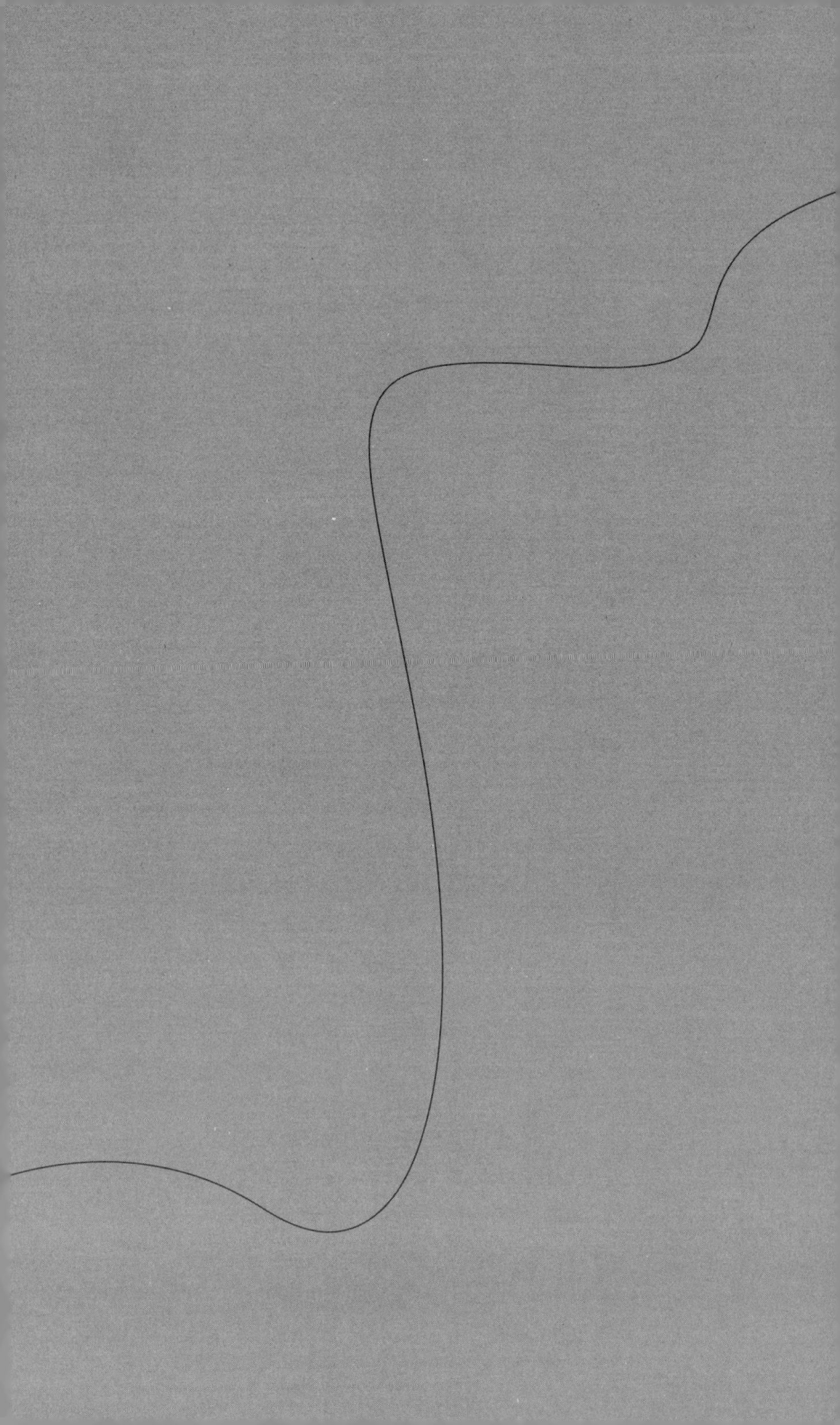

Viver é transformar-se

Ao nascer para este mundo, vivemos vários ciclos de nascimentos e mortes desde o útero de nossa mãe até retornarmos ao útero da Terra. Recebemos um corpo e seremos responsáveis por ele; aprenderemos lições e cada uma delas será repetida até que seja apreendida por nós.

Compreendemos a vida através das fases e desses ciclos pelos quais passamos na trajetória de formação de nosso caráter e de nossa identidade.

Quem somos nós? É a grande pergunta a que vamos responder durante este percurso.

Em cada fase, um aprendizado diferente e complementar. O aprendizado nunca termina, porque se você ainda está vivo há lições a aprender.

Muitas vezes, passamos de fase e matamos a fase anterior, esquecendo que não deixamos de ser aquela mesma pessoa.

Nascemos para a infância e morremos para o colo de nossos pais; descobrimos nossos pés e que podemos caminhar sozinhos. Nascemos para a adolescência e morremos para as brincadeiras de nossa infância. Buscamos nossa individuação. Saímos do mundo de dentro do quarto e descobrimos o mundo do lado de fora.

Nascemos para a idade adulta e morremos para a rebeldia dos jovens. Encontramos uma carreira, companheiros para formar um novo núcleo familiar, assumimos compromissos e responsabilidades, nos tornamos sérios e esquecemos a alegria e a leveza.

Nascemos para a velhice e morremos para a troca com a sociedade, que não aceita tão bem a passagem do tempo. Esquecemos que não existe tempo para quem se é e para ser feliz. Todos os dias vivemos experiências de transformação, necessárias para nosso desenvolvimento e evolução.

Observando a natureza, vemos que é a sabedoria da água que nos ajuda a correr o fluxo, a semear a terra, a se moldar ao ambiente e a derrubar uma rocha. Cada elemento tem sua sabedoria. O ar nos ajuda a trocar, a terra a concretizar e o fogo a transformar. Vamos aprender com eles, com os astros, a natureza, o Cosmos. Eles estão em nós.

A grande certeza da vida é que ela se transforma, ela é movimento, e que também passa...

Tudo passa... Não lute contra uma grande onda porque você vai morrer afogado. Aprenda a surfar, aceite para onde ela levar você, aceite o movimento. Entramos e saímos da vida sozinhos, mas agradeça a todas as pessoas do percurso, pois foram elas que ajudaram a ser quem é.

Aprenda a sair dos altos e baixos da roda da vida, encontrando o meio – o eixo da roda; assim, não seremos abalados pela alternância do movimento, saberemos passar pelos ciclos inevitáveis da vida.

Você já descobriu qual é o sentido da sua vida? O que te faz acordar todas as manhãs?

Nascemos com potencialidades. Cada um de nós tem um dom, um "saber fazer" especial de que gostamos muito. Isso se torna uma paixão. Podemos receber dinheiro para fazer o que fazemos bem, e isso será uma profissão. Mas precisamos descobrir o que o mundo precisa que façamos por ele. Esta é a nossa missão. Quando descobrimos nossa missão, sentimos dentro de nós um bem-estar, uma alegria de viver, uma conexão com a existência, uma paz interior que não tem preço, mas tem muito valor!

Os japoneses chamam isso de IKIGAI, uma razão para existir.

Ao entrar nesta vida, assumimos alguns compromissos pessoais e coletivos. Os pessoais têm a ver com nosso autodesenvolvimento no aprendizado; os coletivos, com nossas aspirações e realizações no mundo e para a humanidade.

As respostas estão dentro de nós. Teremos todos os recursos de que necessitamos para esta jornada. O que fizermos será responsabilidade nossa.

Eu escolhi a arte. O artista, seja em qual área for, é uma grande antena da sociedade, captando o inconsciente coletivo, absorvendo conteúdo, elaborando dentro de si e concebendo sua visão. Depois, devolve ao mundo essa visão para transformá-lo.

Só se muda aquilo que se percebe que precisa ser mudado. Aquilo que se vê! Enquanto você não enxerga, você não muda. A arte leva a sociedade a enxergar o que precisa ser mudado. A arte é uma provocação nas ideias, nos sentidos para acordar os sentimentos adormecidos, as sensações anestesiadas pelo automático. Traz a reflexão sobre o tema.

Mais do que pensar, a arte nos leva ao SENTIR.

Clarice Lispector diz: "Queria que meu pensamento fosse um sentir".

Sentir nos torna mais humanos, mais sensíveis. Nos coloca no lugar do outro, para sentir a dor do outro e nos comover com o sofrimento do outro. Quem ajuda o outro tem compaixão, solidariedade, amor em plenitude.

Precisamos nos transformar no melhor de nós mesmos, usando todo o nosso potencial para ajudar o outro. Para servir a humanidade! É só isso que levamos quando for a hora da partida: o bem que fazemos e os amores que plantamos, os afetos que trocamos.

"Amar não acaba", como nos diz Clarice Lispector. Sinta o AMOR que você é!

Somos aquilo que pensamos e aquilo que queremos.

Fortaleça o seu querer, a sua fé, não importa em quê! O impossível se torna possível pela nossa vontade. Fortaleça sua vontade.

Somos cocriadores de nosso futuro através do nosso presente. A cada momento, escolhemos o "modo" como criamos nossas realidades. Temos dentro de nós todo o Universo.

O momento mais importante de sua vida é o AGORA! Use-o com criatividade, sabedoria e amor.

Ó Pai/Mãe do Universo, Ser Supremo que a tudo criaste:

ensina a cada um de nós, criaturas de teu amor, a sermos cada vez mais unidos à essência das coisas. Que possamos unir nossa essência pessoal à essência coletiva do mundo. Que possamos sentir em nosso coração a fagulha divina que está presente nos elementos da vida que pulsa à nossa volta; na natureza, que nos ensina a beleza dos ciclos; nos animais; nas estrelas; nas ondas do mar; nas montanhas; no céu; no horizonte, que nos faz lembrar do infinito que está além de onde alcança o nosso olhar.

O sagrado que está presente na terra que sustenta nossos corpos físicos e celestes, na existência do Cosmos, girando ao sabor da gravidade no perfeito equilíbrio das órbitas planetárias.

Lembra-nos de tua presença, ó Deus, na água que nos fecunda e abençoa, hidratando a seiva da Terra, nos dando alimento, proteção e morada. Sendo abrigo para os seres do oceano, para os peixes e os animais que só conhecem as profundezas do mar e para os híbridos que misturam e respiram nos dois reinos.

Que a água nos impulsione à completude, maleabilidade e fluidez.

Que o fogo nos ensine a transmutação dos elementos em cada estado da matéria, elevando a vibração em energia e na pureza de sua luz.

Que o vento sopre o movimento e o ar penetre em nosso corpo, trocando em cada respiração o ser e o não ser, nos lembrando de que vida e morte coexistem no mesmo ciclo de renovação eterna. *Somos e deixamos de ser em cada respiração do Universo.*

Peço a ti, meu irmão de existência, que, ao ler estas palavras, faças um momento de oração e ouça sua alma na plenitude do silêncio.

Ilumina o teu ser, limpa de teu coração todos os sentimentos que não são inspirados pelo amor. Tira de ti todo o egoísmo, a vaidade, o orgulho, a inveja, sentimentos que nos separam uns dos outros e de nós mesmos. Expressa tua alegria de viver, pois ela em si já é prova de que entendemos o significado da vida,

essa oportunidade maravilhosa que tivemos de nos melhorar a cada dia. Agradeça sempre, agradeça por tudo, por receber e dar, por aprender e ensinar, por ser servido e por servir a um bem maior. Seja sempre uma fonte de luz onde estiver, seja sempre um semeador da paz com todo seu ser, seja sempre uma fonte de amor, porque o amor é luz e a luz dissipa toda a escuridão.

Que assim seja, e assim é!

Amor e gratidão!

Agradecer é preciso

Uma das coisas mais lindas que aprendi na vida é a importância da gratidão e do reconhecimento a quem nos ajudou e orientou a ser quem somos.

Gratidão ao amor primeiro, meus pais: exemplos vivos da pura arte de viver, ser e entender o mundo como a melhor obra de arte que podemos criar. Gratidão aos poetas e escritores(as) que me transformaram e estão presentes nas reflexões deste livro: Rumi, Fernando Pessoa, Clarice Lispector, Guimarães Rosa e Cora Coralina.

Gratidão a meus amores, meus amigos e familiares que me sustentam sempre a alegria de viver e são combustível para a produção artística, em especial, a literária.

Gratidão a Felipe Brandão pelo convite especial, Malu Poleti, Vitor Castrillo e a toda a equipe da Editora Planeta pela edição da obra.

Gratidão a Marcella Abboud, pela parceria em mais um trabalho com as palavras, cada passo é um aprendizado, obrigada por ser meu guia nessa nova viagem.

Gratidão a Fernanda Rodrigues pela sensibilidade em suas formas e cores ao materializar as palavras e pela reciprocidade de nosso afeto.

Agradeço as minhas três filhinhas de quatro patas, Alice, Nina e Sofia, por seu amor incondicional. Nina e Sofia se transformaram em estrelinhas, mas continuam brilhando em meu coração.

A você, que me lê e comigo se transforma: obrigada pela companhia nessa incursão para dentro de nós.